Thomas Schirmer / Andreas Hein
**Computer Tag für Tag
Windows 7**

Thomas Schirmer / Andreas Hein

Computer Tag für Tag

Windows 7

Ideal für den schnellen Lernerfolg

FRANZIS
COMPUTERBUCH

Bibliografische Information der Deutschen Bibliothek

Die Deutsche Bibliothek verzeichnet diese Publikation in der Deutschen Nationalbibliografie; detaillierte Daten sind im Internet über http://dnb.ddb.de abrufbar.

Hinweis: Alle Angaben in diesem Buch wurden vom Autor mit größter Sorgfalt erarbeitet bzw. zusammengestellt und unter Einschaltung wirksamer Kontrollmaßnahmen reproduziert. Trotzdem sind Fehler nicht ganz auszuschließen. Der Verlag und der Autor sehen sich deshalb gezwungen, darauf hinzuweisen, dass sie weder eine Garantie noch die juristische Verantwortung oder irgendeine Haftung für Folgen, die auf fehlerhafte Angaben zurückgehen, übernehmen können. Für die Mitteilung etwaiger Fehler sind Verlag und Autor jederzeit dankbar. Internetadressen oder Versionsnummern stellen den bei Redaktionsschluss verfügbaren Informationsstand dar. Verlag und Autor übernehmen keinerlei Verantwortung oder Haftung für Veränderungen, die sich aus nicht von ihnen zu vertretenden Umständen ergeben. Evtl. beigefügte oder zum Download angebotene Dateien und Informationen dienen ausschließlich der nicht gewerblichen Nutzung. Eine gewerbliche Nutzung ist nur mit Zustimmung des Lizenzinhabers möglich.

© 2011, Franzis Verlag GmbH, 85586 Poing

Alle Rechte vorbehalten, auch die der fotomechanischen Wiedergabe und der Speicherung in elektronischen Medien. Das Erstellen und Verbreiten von Kopien auf Papier, auf Datenträgern oder im Internet, insbesondere als PDF, ist nur mit ausdrücklicher Genehmigung des Verlags gestattet und wird widrigenfalls strafrechtlich verfolgt. Die meisten Produktbezeichnungen von Hard- und Software sowie Firmennamen und Firmenlogos, die in diesem Werk genannt werden, sind in der Regel gleichzeitig auch eingetragene Warenzeichen und sollten als solche betrachtet werden. Der Verlag folgt bei den Produktbezeichnungen im Wesentlichen den Schreibweisen der Hersteller.

Satz: www.buch-macher.de
art & design: www.ideehoch2.de
Druck: VCT, Sezemice
Printed in Czech Republic (Karroh)

Vorwort

Schön, dass Sie sich für unser Tag-für-Tag-Buch entschieden haben! Hier finden Sie kurze Anleitungen, die Ihnen zeigen, wie Sie bestimmte Aufgaben, die zur Grundbedienung von Windows 7 gehören, erledigen können, und zwar Schritt für Schritt und Bild für Bild. Dies ist kein Lesebuch, das Sie von vorn bis hinten durcharbeiten sollen, sondern ein Praxisbuch, das Ihnen häppchenweise die wichtigsten Grundlagen vermittelt. Ein Häppchen am Tag ist genau die richtige Dosis.

Sie werden sehen: Wenn Sie sich Tag für Tag nur drei bis fünf Minuten Zeit nehmen und die Beispiele und Aufgaben, die wir hier für Sie zusammengestellt haben, an Ihrem Computer direkt nachvollziehen, werden Sie trotzdem schnell und vor allem ganz nebenbei mit Windows vertraut. Welches Häppchen Sie täglich zu sich nehmen, bestimmen ganz alleine Sie. Sie brauchen sich nicht an die vorgegebene Reihenfolge zu halten, sondern können sich ganz von Ihrem eigenen Appetit leiten lassen.

Damit Sie sich gut zurechtfinden, stoßen Sie bei den Anleitungen immer wieder auf die gleichen Symbole.

Mit Abstand am häufigsten begegnet Ihnen der Linksklick mit der Maus oder dem TrackPad, falls Sie mit einem Notebook oder Netbook arbeiten. Mit dem Linksklick wählen Sie aus oder aktivieren bestimmte Funktionen oder Befehle.

Ist zusätzlich zum Maussymbol die Angabe *2x* oder *5x* zu sehen, bedeutet dies, dass Sie mit der linken Maustaste doppelt, also zweimal schnell hintereinander, oder z. B. fünfmal klicken müssen.

Mit dem Rechtsklick, auf den dieses Maussymbol hinweist, rufen Sie ein Kontextmenü auf, das Ihnen weitere Optionen anbietet, die Sie mit einem Linksklick auswählen können.

Manchmal müssen Sie aber gar nicht klicken, sondern den Mauszeiger auf einer Option oder einer Symbolschaltfläche einfach nur ruhen lassen. Darauf weist Sie dieses Maussymbol hin.

Eine wichtige Aktion, die Sie z. B. beim Kopieren oder Markieren sehr gut einsetzen können, ist das Ziehen mit der Maus, bei dem Sie die linke Maustaste gedrückt halten, während Sie den Mauszeiger über den Bildschirm bewegen.

In seltenen Fällen sind Sie mit der Tastatur schneller als mit der Maus. Wenn dies so ist, weist Sie dieses Symbol darauf hin, dass Sie (auch) die Tastatur benutzen können.

Und nun: Guten Appetit.

Inhaltsverzeichnis

WINDOWS ANPASSEN UND PERSONALISIEREN

Bildschirmhintergrund ändern	12
Minianwendungen dem Desktop hinzufügen und anpassen	14
Desktopsymbole anpassen	16
Farben der Fenster, des Startmenüs und der Taskleiste ändern	17
Soundeffekte anpassen	19
Standarddesigns verwenden	21

WINDOWS EINFACHER BEDIENEN

Die Doppelklickgeschwindigkeit der Maus anpassen	24
Den Ansichtsmodus der Systemsteuerung auf Symbole ändern	26
Rechte und linke Maustaste tauschen	28
Zwei Fenster bildschirmfüllend nebeneinander anordnen (Aero Snap)	30
Schneller Durchblick auf dem Desktop (Aero Peek)	32
Fenster schnell maximieren	34
Größere Systemschrift und Symbole verwenden	35
Die Taskleiste verschieben	37
Die Taskleiste automatisch ausblenden	38
Taskleiste vergrößern	39
Symbole im Infobereich anpassen	40
Ein Programm an die Taskleiste anheften	42
Dokumente über Sprunglisten aufrufen	43
Dokumente an eine Sprungliste anheften	44
Das erweiterte Senden-an-Menü einblenden	45

EINFACHER UMGANG MIT DATEIEN UND ORDNERN

Standardanwendungen für bestimmte Dateiformate ändern	48
Datei ausnahmsweise nicht mit der Standardanwendung öffnen	50
Neue Ordner anlegen	51

Ordneransicht anpassen _ _ _ _ _ _ _ _ _ _ _ _ _ _ _ _ _ _ _ 53
Das Vorschaufenster im Windows-Explorer einblenden _ _ _ _ _ _ _ 54
Eine Ordneransicht auf andere Ordner übertragen _ _ _ _ _ _ _ _ _ 56
Ordner in eine Bibliothek aufnehmen _ _ _ _ _ _ _ _ _ _ _ _ _ _ 58
Ordner aus einer Bibliothek entfernen _ _ _ _ _ _ _ _ _ _ _ _ _ 60
Eine Desktopverknüpfung erstellen _ _ _ _ _ _ _ _ _ _ _ _ _ _ _ 62
Dateien und Ordner kopieren und verschieben (I) _ _ _ _ _ _ _ _ _ 64
Dateien und Ordner kopieren und verschieben (II) _ _ _ _ _ _ _ _ 66
Dateien und Ordner kopieren und verschieben (III) _ _ _ _ _ _ _ _ 68
Mehrere Dateien gemeinsam umbenennen _ _ _ _ _ _ _ _ _ _ _ _ 70

WINDOWS-ALLTAG

USB-Speicher sicher entfernen _ _ _ _ _ _ _ _ _ _ _ _ _ _ _ _ _ 74
Eine CD/DVD aus dem Windows-Explorer heraus brennen _ _ _ _ _ _ 76
Eine Audio-CD aus dem Media Player heraus brennen _ _ _ _ _ _ _ 80
Dateien und Ordner löschen _ _ _ _ _ _ _ _ _ _ _ _ _ _ _ _ _ 84
Daten aus dem Papierkorb wiederherstellen _ _ _ _ _ _ _ _ _ _ _ 86
Dateien und Ordner aus dem Papierkorb endgültig löschen _ _ _ _ _ 87
Programme vom Rechner entfernen _ _ _ _ _ _ _ _ _ _ _ _ _ _ 88
Regelmäßig genutzte Programme automatisch starten _ _ _ _ _ _ _ 90
Abdunkeln und Abschalten des Bildschirms bei Notebooks verhindern _ _ _ 92
CDs und DVDs automatisch abspielen _ _ _ _ _ _ _ _ _ _ _ _ _ 94
Nicht mehr reagierende Programme beenden _ _ _ _ _ _ _ _ _ _ 96
Einstellungsoptionen über die Suchfunktion finden _ _ _ _ _ _ _ _ 98

SICHERHEIT UND WARTUNG

Zum Administrator-Konto wechseln _ _ _ _ _ _ _ _ _ _ _ _ _ _ _ 102
So kontrollieren Sie, ob ein Antivirenprogramm aktiv ist _ _ _ _ _ _ _ 104
Antivirenprogramme richtig nutzen (Beispiel: Avira AntiVir Personal) _ _ _ _ 106
Viren-Scans automatisch durchführen lassen (Beispiel: Avira Antivir Personal) _ 109
Sicherheitseinstellungen kontrollieren _ _ _ _ _ _ _ _ _ _ _ _ _ _ 113

Automatische Schnellüberprüfungen mit dem Windows Defender _ _ _ _ _ *115*
Windows Update einstellen _ _ _ _ _ _ _ _ _ _ _ _ _ _ _ _ _ *118*
Einstellungen der Windows-Firewall kontrollieren _ _ _ _ _ _ _ _ _ _ *120*
Sicherung einrichten _ _ _ _ _ _ _ _ _ _ _ _ _ _ _ _ _ _ _ *122*
Mehr Platz schaffen mit der Datenträgerbereinigung _ _ _ _ _ _ _ _ _ *125*
Systemleistung mit dem Task-Manager kontrollieren _ _ _ _ _ _ _ _ _ *128*
Programme als Administrator ausführen _ _ _ _ _ _ _ _ _ _ _ _ _ *131*

MIT WINDOWS INS INTERNET

Eine Internetverbindung herstellen _ _ _ _ _ _ _ _ _ _ _ _ _ _ _ *134*
WLAN-Status überprüfen _ _ _ _ _ _ _ _ _ _ _ _ _ _ _ _ _ _ *136*
Mit dem Internet Explorer suchen _ _ _ _ _ _ _ _ _ _ _ _ _ _ _ *138*
Webseiten über den Verlauf wiederfinden _ _ _ _ _ _ _ _ _ _ _ _ *140*

Index _ *142*

Windows anpassen und personalisieren

▶ **Bildschirmhintergrund ändern** _ _ _ _ _ _ _ _ _ _ _ _ _ _ _ *12*

▶ **Minianwendungen dem Desktop hinzufügen und anpassen** _ _ _ _ *14*

▶ **Desktopsymbole anpassen** _ _ _ _ _ _ _ _ _ _ _ _ _ _ _ _ *16*

▶ **Farben der Fenster, des Startmenüs und der Taskleiste ändern** _ _ _ *17*

▶ **Soundeffekte anpassen** _ _ _ _ _ _ _ _ _ _ _ _ _ _ _ _ _ *19*

▶ **Standarddesigns verwenden** _ _ _ _ _ _ _ _ _ _ _ _ _ _ _ *21*

Bildschirmhintergrund ändern

> **Los geht's!** ▶ *Bildschirmhintergrund ändern*

Das Hintergrundbild auf Ihrem Desktop gefällt Ihnen nicht? Kein Problem. Mit wenigen Mausklicks wählen Sie einfach ein anderes Bild aus.

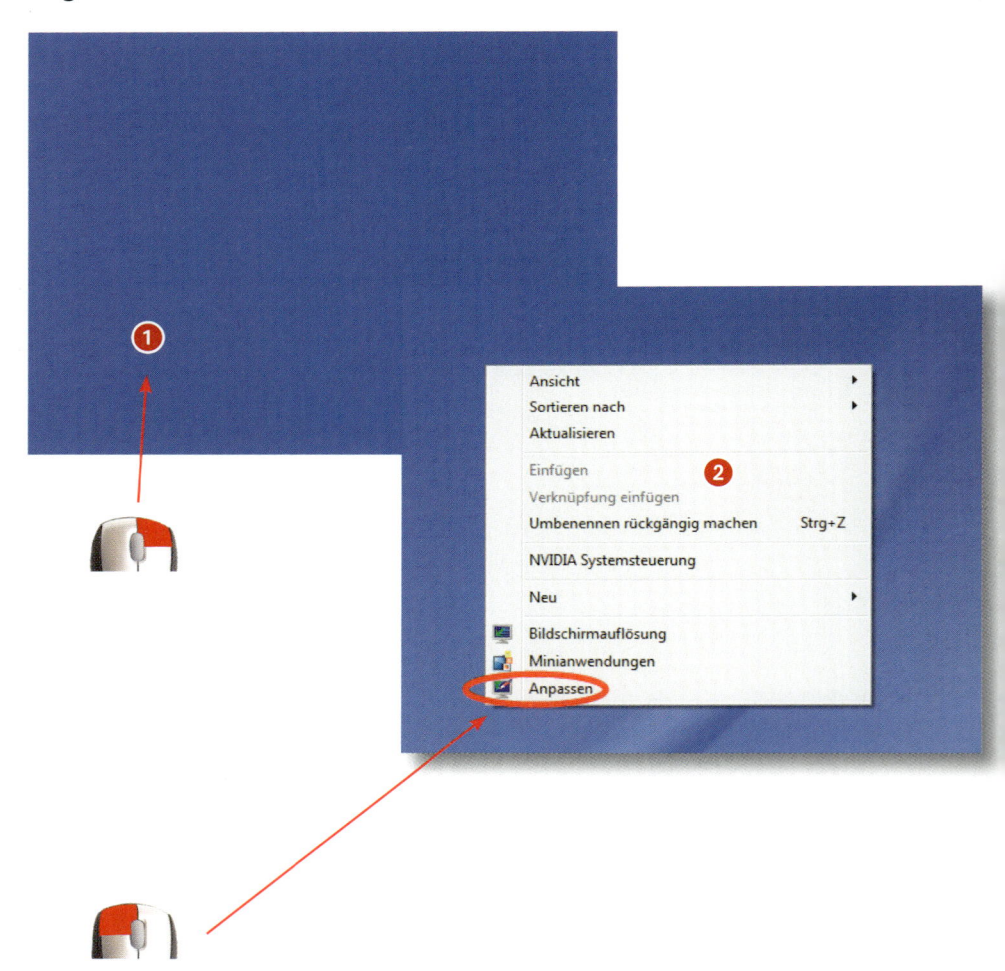

❶ Klicken Sie mit der rechten Maustaste auf einen freien Bereich auf dem Desktop.

❷ Klicken Sie im Kontextmenü auf den Eintrag *Anpassen*.

WINDOWS ANPASSEN UND PERSONALISIEREN

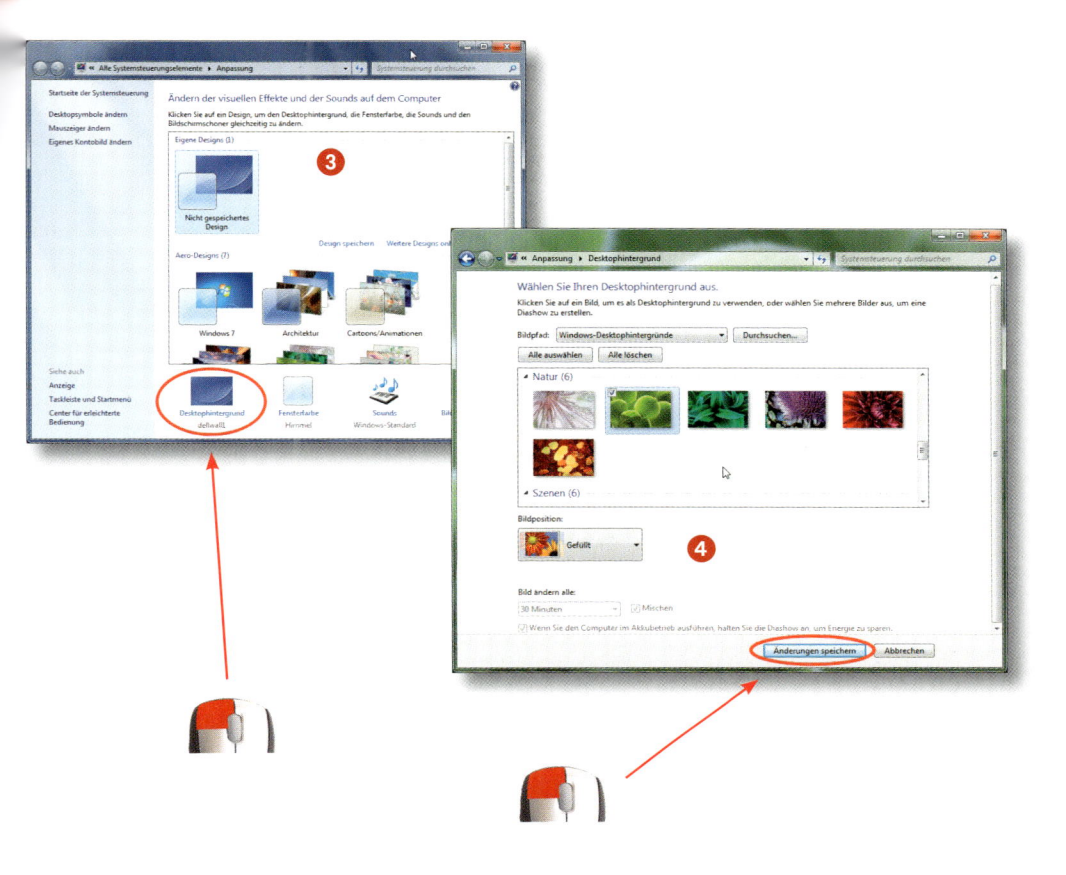

❸ Klicken Sie im unteren Bereich des Dialogfensters auf *Desktophintergrund*.

❹ Wählen Sie das gewünschte Bild aus und klicken Sie es an. Anschließend klicken Sie auf *Änderungen speichern*.

FERTIG!

WISSENSWERTES

Sie können auch eigene Bilder als Hintergrund wählen. Klicken Sie dazu auf das Feld hinter dem Eintrag *Bildpfad*. Windows bietet Ihnen dann Ordner mit Bildern an, die auf Ihrem PC gespeichert sind. Klicken Sie jetzt einen Ordner an, um sich die Bilder anzeigen zu lassen.

Minianwendungen dem Desktop hinzufügen und anpassen

Los geht's! ▶ *Minianwendungen dem Desktop hinzufügen und anpassen*

Bei Windows 7 sind bereits einige Minianwendungen mit dabei, die Sie auf dem Desktop einfügen und von dort nutzen können.

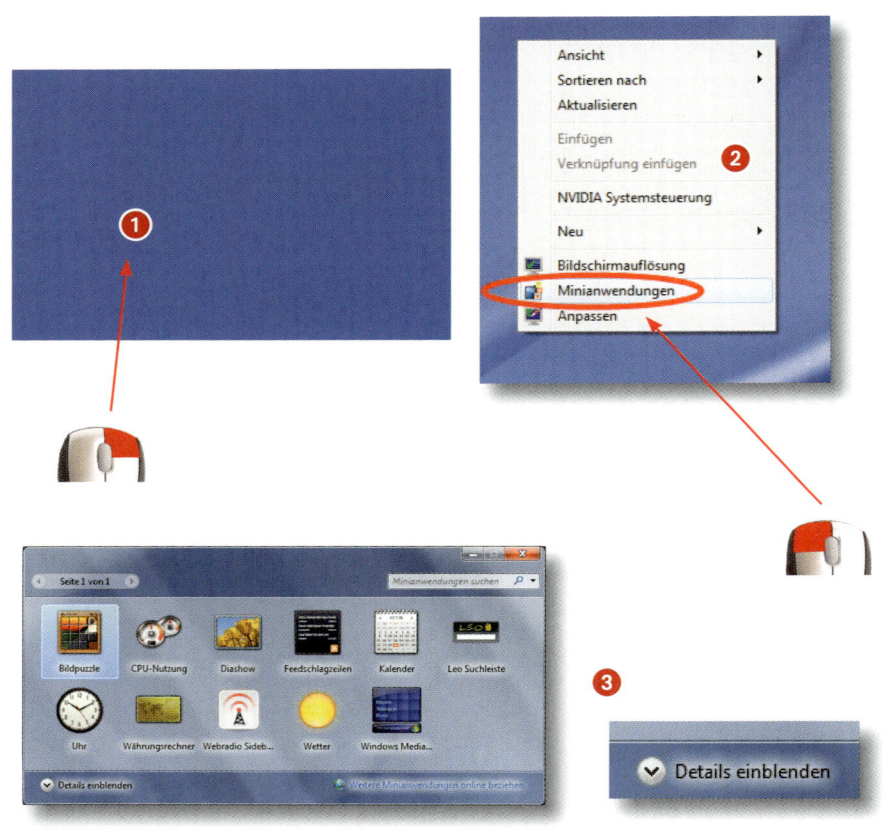

① Klicken Sie mit der rechten Maustaste auf einen freien Bereich auf dem Desktop.

② Klicken Sie im Kontextmenü auf den Eintrag *Minianwendungen*.

③ Eine Übersicht der auf dem Rechner vorhandenen Minianwendungen wird eingeblendet. Mit einem Klick auf *Details einblenden* können Sie sich weitere Informationen zur jeweiligen Minianwendung anzeigen lassen.

WINDOWS ANPASSEN UND PERSONALISIEREN

❹ Klicken Sie doppelt auf ein Anwendungssymbol, wird die Minianwendung auf dem Desktop abgelegt. Sie können die Minianwendung anschließend an eine beliebige Position auf dem Desktop verschieben, indem Sie sie anklicken und bei gedrückt gehaltener Maustaste an den gewünschten Ort ziehen.

❺ Die meisten Minianwendungen können individuell angepasst werden. Beispielsweise lässt sich das Aussehen der Desktop-Uhr ganz einfach verändern. Positionieren Sie dazu den Mauszeiger auf der Minianwendung. Klicken Sie dann auf die eingeblendete Schaltfläche mit dem Schraubenschlüssel.

❻ Die möglichen Einstelloptionen unterscheiden sich natürlich von Anwendung zu Anwendung. Bei der Uhr können Sie neben dem Aussehen unterschiedliche Zeitzonen einstellen. Haben Sie die Einstellungen getroffen, bestätigen Sie durch Anklicken der Schaltfläche OK.

FERTIG!

WISSENSWERTES

Bei einigen Minianwendungen können Sie durch eine zusätzliche Schaltfläche (Vergrößern) auch noch zusätzliche Informationen abrufen.

Desktopsymbole anpassen

Los geht's! ▶ *Desktopsymbole anpassen*

Vielleicht quillt Ihr Desktop vor Verknüpfungen über, sodass Sie Schwierigkeiten haben, die gerade gewünschte Anwendung zu starten oder ein bestimmtes Dokument zu finden? Mit einfachen Mitteln können Sie mehr Ordnung schaffen und auch die Größe der Desktopsymbole anpassen.

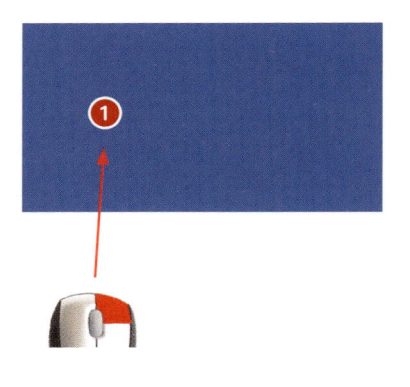

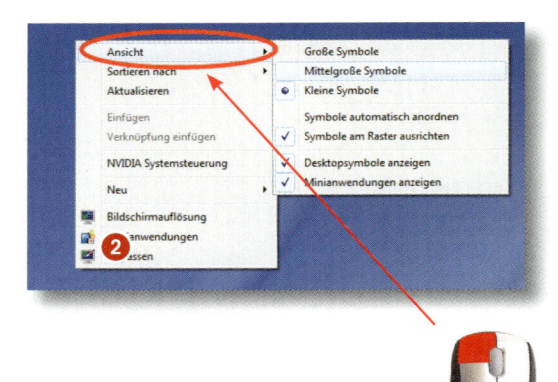

❶ Klicken Sie mit der rechten Maustaste auf einen freien Bereich auf dem Desktop.

❷ Bewegen Sie den Mauszeiger auf den Eintrag *Ansicht* und klicken Sie in den Auswahloptionen die gewünschte Größe (*Kleine*, *Mittelgroße* oder *Große Symbole*) an.

❸ Um unregelmäßig auf dem Desktop verteilte Symbole „in Reih und Glied" zu bekommen, aktivieren Sie auch die Einträge *Symbole automatisch anordnen* und *Symbole an Raster ausrichten*. Diese Optionen sind eventuell bereits aktiviert. Zu erkennen ist dies am Häkchen vor dem jeweiligen Eintrag.

FERTIG!

WISSENSWERTES

Die Größe der Desktopsymbole können Sie auch mit der Maus ändern, indem Sie auf dem Desktop auf eine freie Stelle klicken, die Taste *Strg* drücken und gedrückt halten und dann das Mausrad drehen. Drehen nach vorn vergrößert und Drehen nach hinten verkleinert die Symbole.

WINDOWS ANPASSEN UND PERSONALISIEREN

Los geht's! ▶ *Farben der Fenster, des Startmenüs und der Taskleiste ändern*

Das Aussehen von Windows entspricht nicht Ihren Vorlieben? Versuchen Sie es einmal mit einer anderen Farbgestaltung der Fenster und anderer Komponenten.

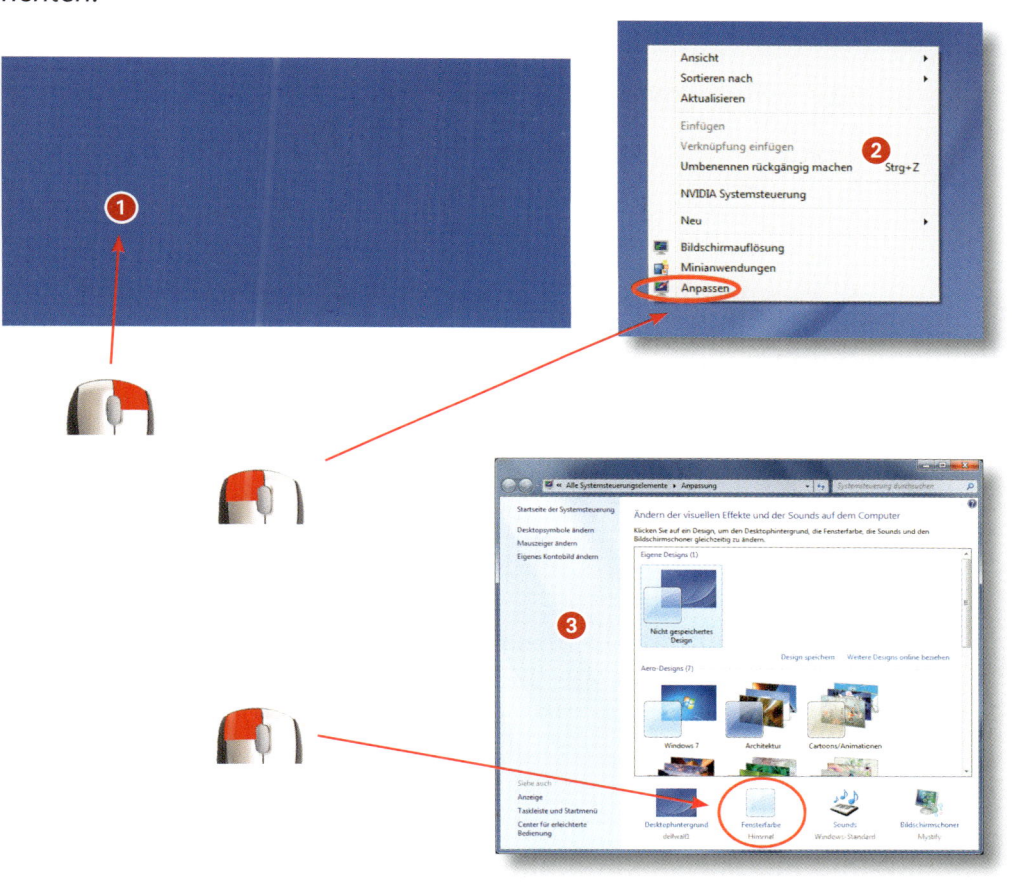

❶ Klicken Sie mit der rechten Maustaste auf eine freie Stelle auf dem Desktop.

❷ Klicken Sie im Kontextmenü auf den Eintrag *Anpassen*.

❸ Klicken Sie im unteren Dialogfensterbereich auf *Fensterfarbe*.

17

Desktopsymbole anpassen

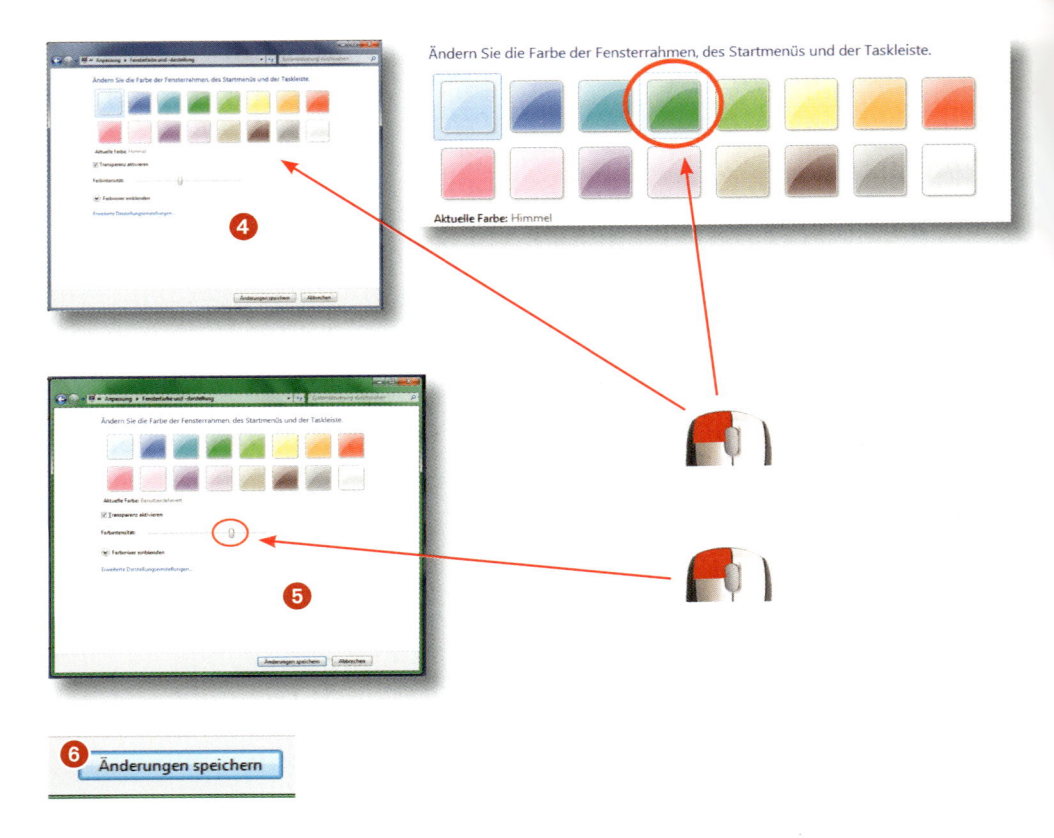

④ Klicken Sie im Auswahlfenster auf den gewünschten Farbton.

⑤ Klicken Sie auf den Schieberegler und ziehen Sie mit gedrückt gehaltener linker Maustaste nach rechts, um die Farbintensität zu erhöhen, oder nach links, um die Intensität abzuschwächen. Wie sich Ihre Änderungen auswirken, sehen Sie direkt an den Fenstern und der Taskleiste.

⑥ Klicken Sie auf *Änderungen speichern*, um die aktuelle Einstellung zu übernehmen.

FERTIG!

WISSENSWERTES

Über die Option *Farbmixer einblenden* können Sie noch detailliertere Farbeinstellungen vornehmen.

WINDOWS ANPASSEN UND PERSONALISIEREN

Los geht's! ▶ *Soundeffekte anpassen*

Bei bestimmten Ereignissen meldet sich Windows nicht nur mit Meldungen auf dem Bildschirm, sondern spielt einen zusätzlichen Soundeffekt ab. Auch diese Tonmeldungen können Sie ändern, wenn Sie dies möchten.

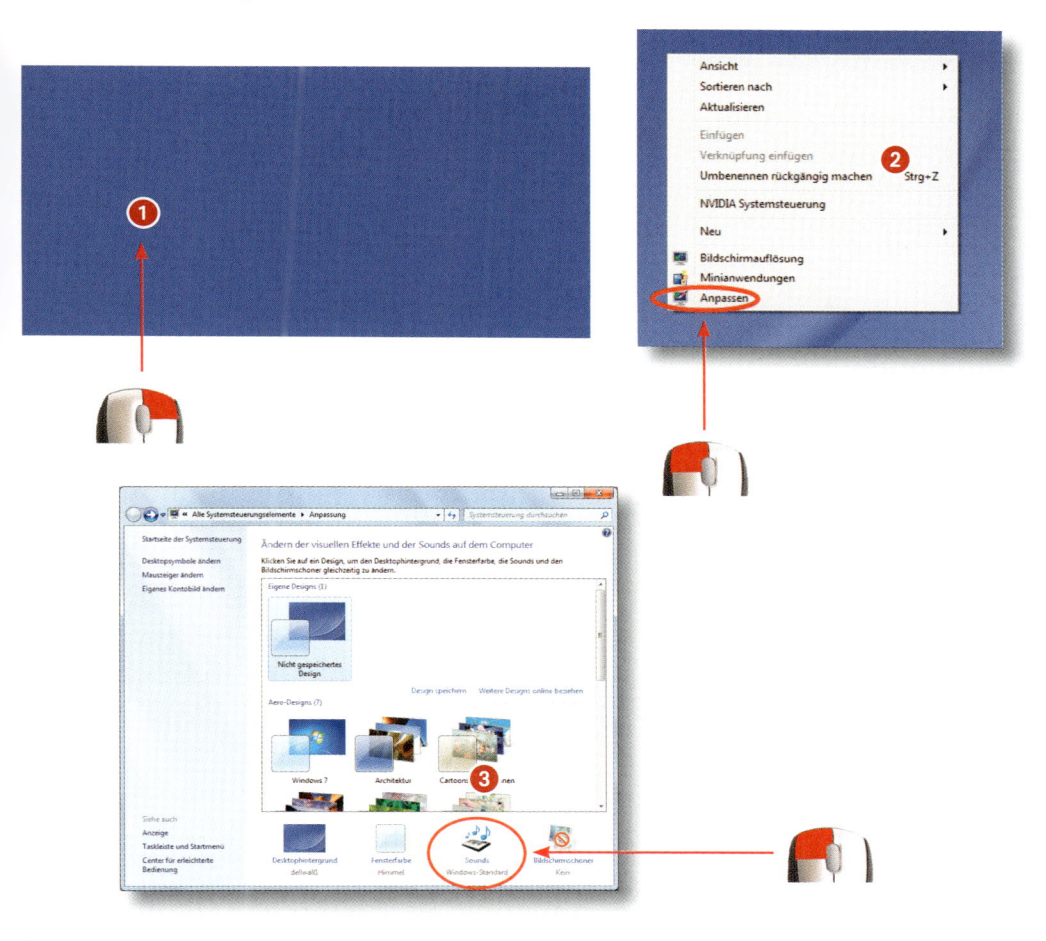

① Klicken Sie mit der rechten Maustaste auf eine freie Stelle auf dem Desktop.

② Klicken Sie im Kontextmenü auf den Eintrag *Anpassen*.

③ Klicken Sie im unteren Fensterbereich auf *Sounds*.

Soundeffekte anpassen

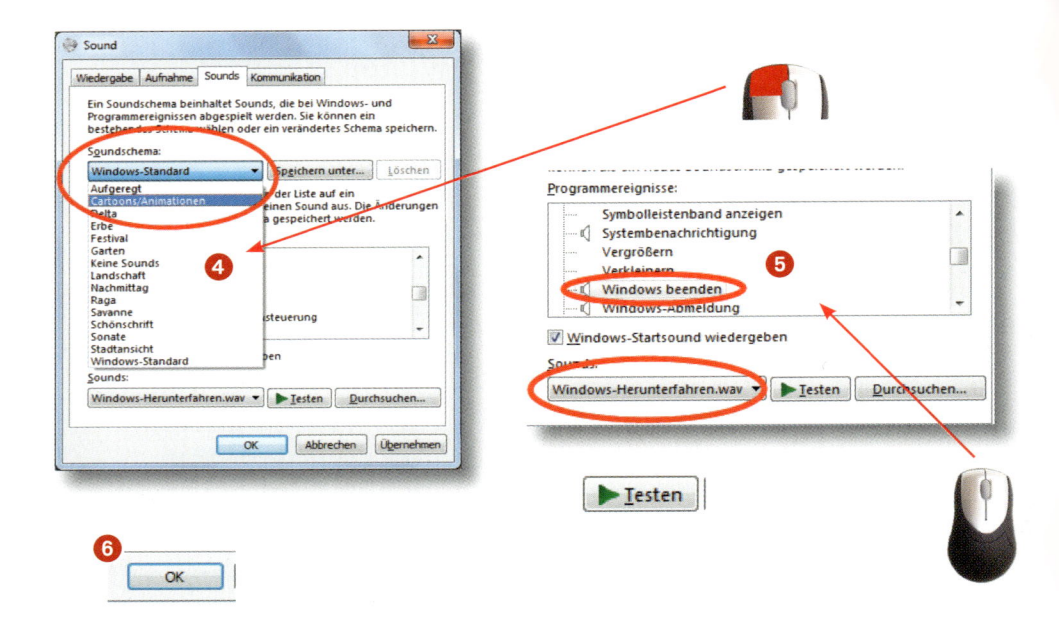

④ Klicken Sie auf das Eingabefeld *Soundschema* und wählen Sie ein anderes Schema aus.

⑤ Um zu hören, welche Soundeffekte im neuen Schema zu hören sind, scrollen Sie im Feld *Programmereignisse* auf ein Ereignis (z. B. *Windows beenden*). Unten wird unter *Sounds* nun die damit verbundene Tondatei angezeigt, über die Schaltfläche *Testen* können Sie sich den Effekt anhören.

⑥ Wollen Sie die Änderungen übernehmen, klicken Sie auf *OK*.

FERTIG!

WISSENSWERTES

Sie können auch eigene, individuelle Tondateien im WAV-Format verwenden, um etwa beim Hoch oder Herunterfahren des Rechners von Ihrer Lieblingsmusik begrüßt und verabschiedet zu werden. Verknüpfen Sie dazu die entsprechenden Windows-Ereignisse mit den Sounddateien, die Sie über die Schaltfläche *Durchsuchen* auf Ihrem Rechner ausfindig machen können.

WINDOWS ANPASSEN UND PERSONALISIEREN

Los geht's! ▶ *Standarddesigns verwenden*

In den Designs hat Microsoft bereits Fenstergestaltung, Hintergrundbilder, Bildschirmschoner und Soundeffekte zu einem Komplettpaket zusammengestellt. Sie können jederzeit eines dieser vorgefertigten Designs für Ihren Rechner aktivieren.

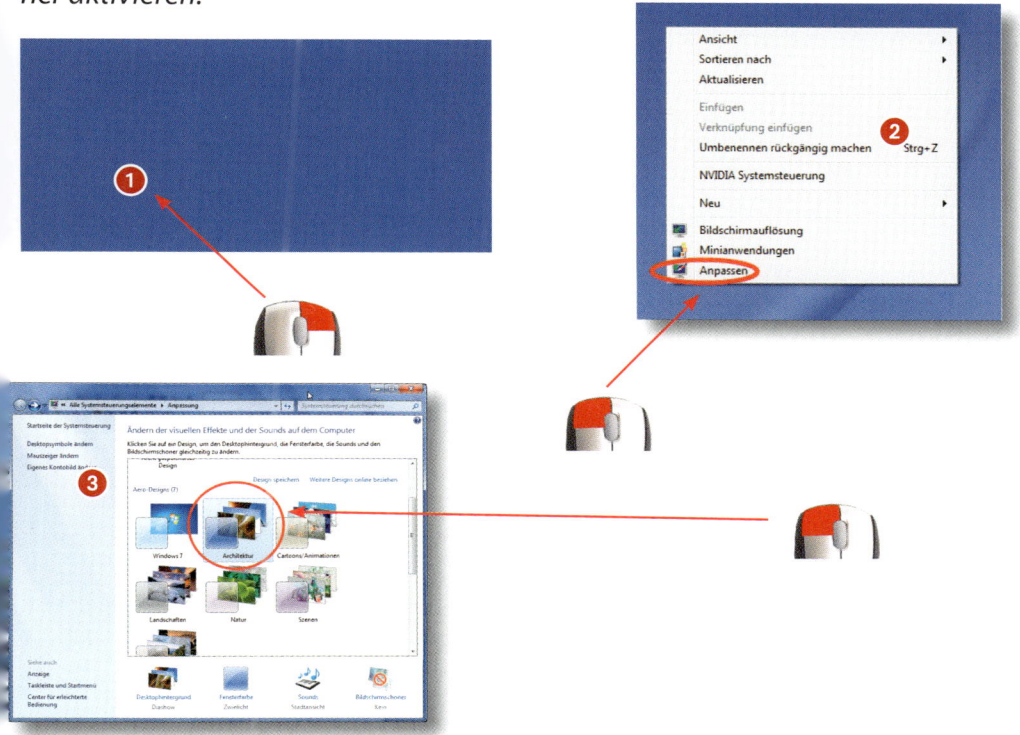

❶ Klicken Sie mit der rechten Maustaste auf eine freie Stelle auf dem Desktop.

❷ Klicken Sie im Kontextmenü auf den Eintrag *Anpassen*.

❸ Klicken Sie auf das gewünschte Design aus den Bereichen *Aero*, *Basisdesigns* oder *Designs mit hohem Kontrast*. Bei den klassischen Windows- Designs und denen mit hohem Kontrast gehen die zusätzlichen Funktionen der Aero-Oberfläche von Windows 7 allerdings verloren.

Windows einfacher bedienen

- ▶ Die Doppelklickgeschwindigkeit der Maus anpassen _ _ _ _ _ _ _ 24
- ▶ Den Ansichtsmodus der Systemsteuerung auf Symbole ändern _ _ _ 26
- ▶ Rechte und linke Maustaste tauschen _ _ _ _ _ _ _ _ _ _ _ 28
- ▶ Zwei Fenster bildschirmfüllend nebeneinander anordnen (Aero Snap) 30
- ▶ Schneller Durchblick auf dem Desktop (Aero Peek) _ _ _ _ _ _ 32
- ▶ Fenster schnell maximieren _ _ _ _ _ _ _ _ _ _ _ _ _ 34
- ▶ Größere Systemschrift und Symbole verwenden _ _ _ _ _ _ _ 35
- ▶ Die Taskleiste verschieben _ _ _ _ _ _ _ _ _ _ _ _ _ _ 37
- ▶ Die Taskleiste automatisch ausblenden _ _ _ _ _ _ _ _ _ _ 38
- ▶ Taskleiste vergrößern _ _ _ _ _ _ _ _ _ _ _ _ _ _ _ 39
- ▶ Symbole im Infobereich anpassen _ _ _ _ _ _ _ _ _ _ _ _ 40
- ▶ Ein Programm an die Taskleiste anheften _ _ _ _ _ _ _ _ _ 42
- ▶ Dokumente über Sprunglisten aufrufen _ _ _ _ _ _ _ _ _ _ 43
- ▶ Dokumente an eine Sprungliste anheften _ _ _ _ _ _ _ _ _ 44
- ▶ Das erweiterte Senden-an-Menü einblenden _ _ _ _ _ _ _ _ 45

Die Doppelklickgeschwindigkeit der Maus anpassen

Los geht's! ▶ *Die Doppelklickgeschwindigkeit der Maus anpassen*

Das Doppelklicken mit der Maus gehört unter Windows zum Standard bei der Bedienung. Haben Sie dabei Probleme, weil Sie nicht schnell genug klicken, können Sie die Klickgeschwindigkeit entsprechend einstellen.

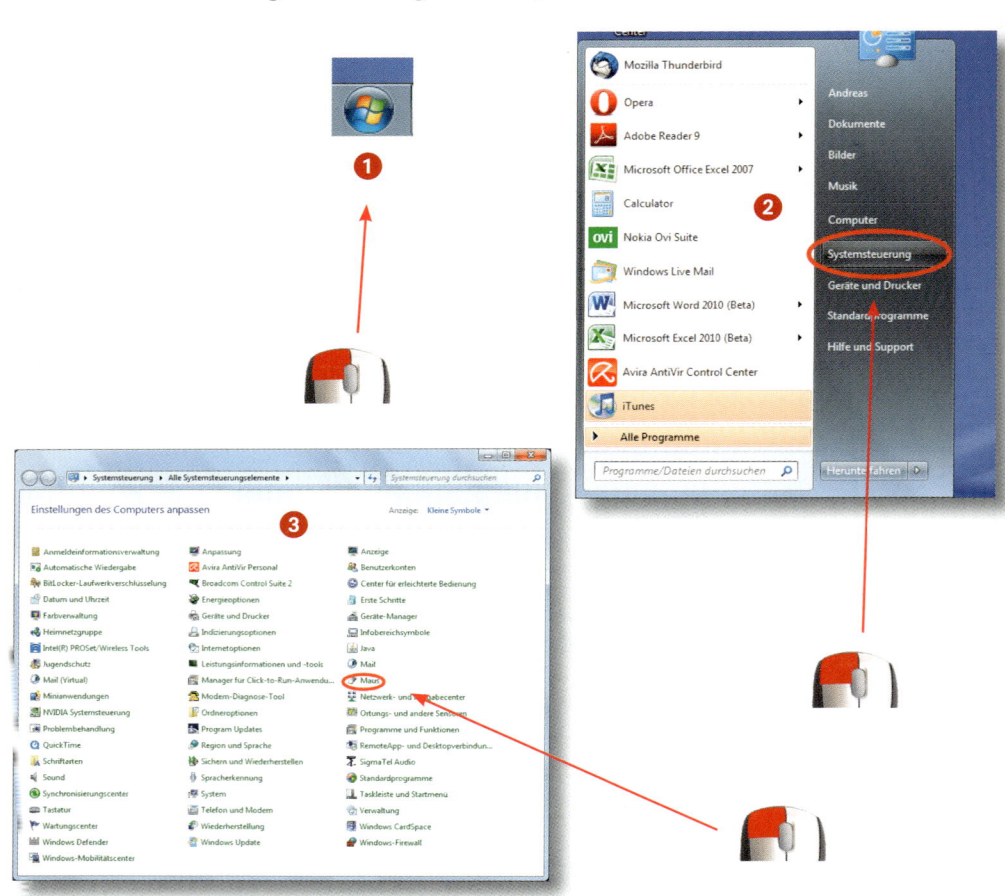

① Klicken Sie auf die Startschaltfläche von Windows.

② Klicken Sie auf den Eintrag *Systemsteuerung*.

③ Klicken Sie in der Systemsteuerung (Symbolansicht) auf *Maus*.

WINDOWS EINFACHER BEDIENEN

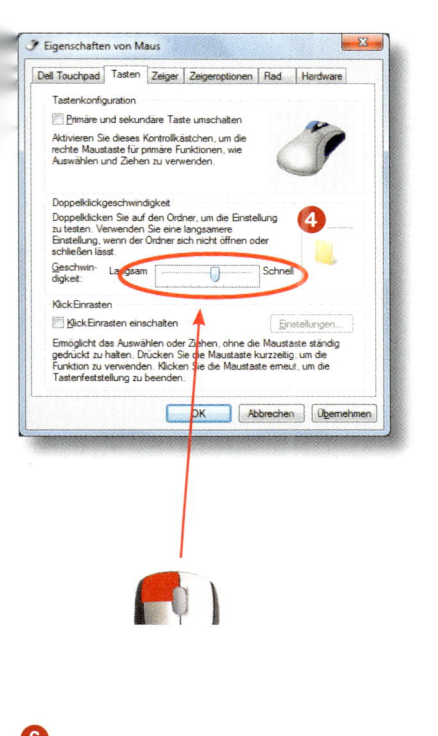

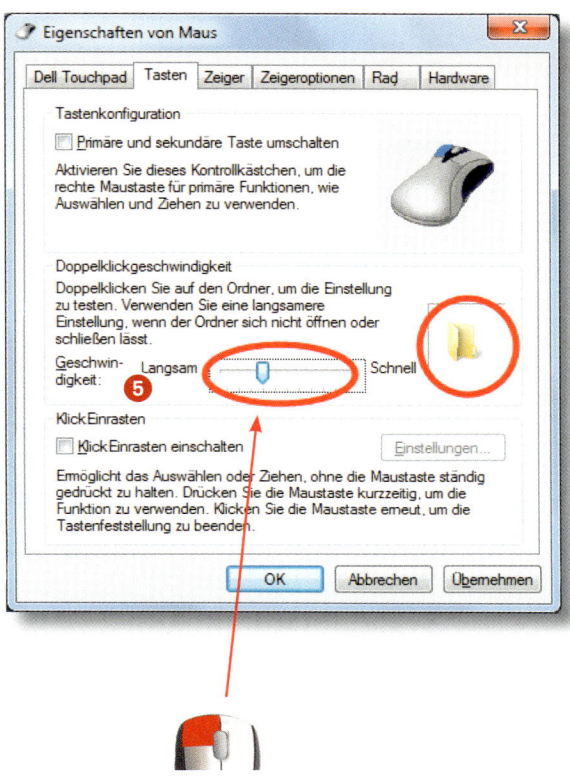

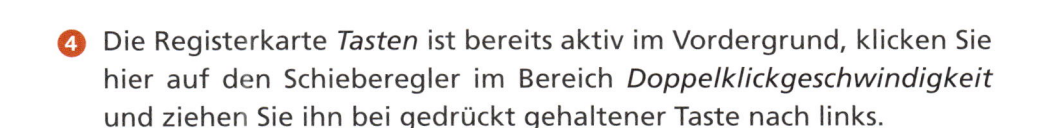

❹ Die Registerkarte *Tasten* ist bereits aktiv im Vordergrund, klicken Sie hier auf den Schieberegler im Bereich *Doppelklickgeschwindigkeit* und ziehen Sie ihn bei gedrückt gehaltener Taste nach links.

❺ Probieren Sie durch einen Doppelklick auf das Ordnersymbol aus, ob die Maus nun wie gewünscht reagiert. Funktioniert der Doppelklick, wird der Ordner mit dem ersten Doppelklick geöffnet, mit dem zweiten Doppelklick wieder geschlossen.

❻ Ist die Doppelklickgeschwindigkeit für Sie jetzt richtig, bestätigen Sie die Änderungen, indem Sie auf *OK* klicken. Falls das Doppelklicken noch nicht wie gewünscht klappt, ändern Sie die Regler-Einstellung noch einmal.

FERTIG!

Den Ansichtsmodus der Systemsteuerung auf Symbole ändern

Los geht's! ▶ *Den Ansichtsmodus der Systemsteuerung auf Symbole ändern*

Die Systemsteuerung ist gewissermaßen die Verwaltungszentrale von Windows, über die Sie zahlreiche Einstellungen vornehmen können. Die verschiedenen Systemsteuerungselemente werden entweder in der Symbolansicht alle einzeln aufgeführt und sind dann direkt zugänglich, oder sie sind über eine thematisch gegliederte Kategorie-Ansicht erreichbar. Sie können zwischen den verschiedenen Varianten wechseln.

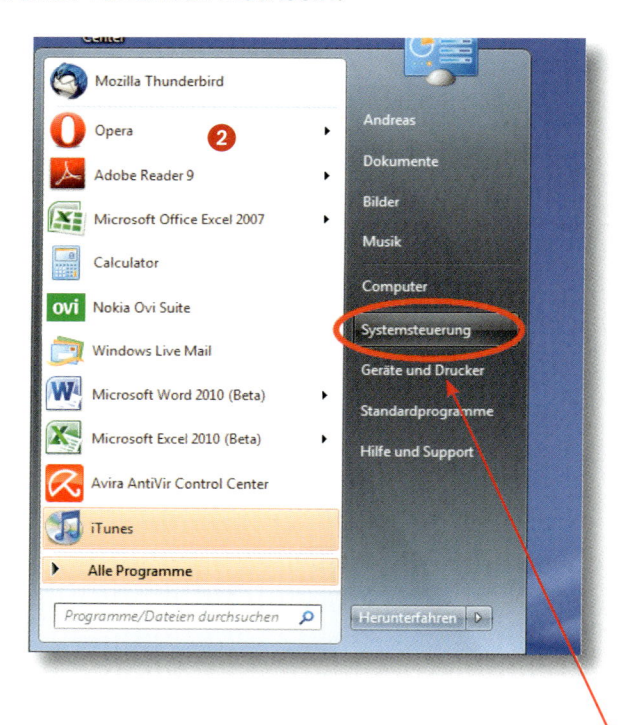

❶ Klicken Sie auf die Startschaltfläche von Windows.

❷ Klicken Sie auf den Eintrag *Systemsteuerung*.

WINDOWS EINFACHER BEDIENEN

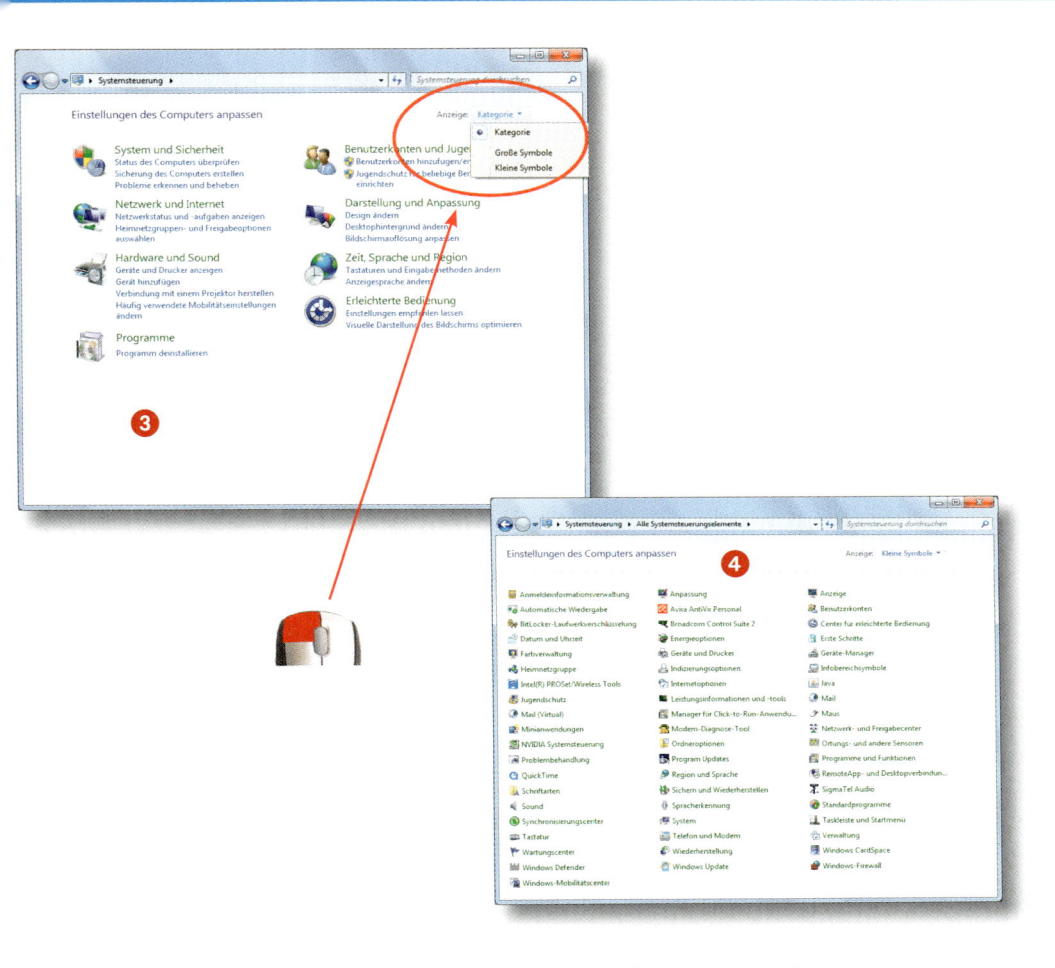

❸ Klicken Sie auf den Eintrag oben rechts hinter *Anzeige*.

❹ Klicken Sie auf den gewünschten Anzeigemodus, wählen Sie beispielsweise *Kleine Symbole*. Die Änderung erfolgt dann direkt.

FERTIG!

HINWEIS

In den weiteren Anleitungen in diesem Buch wird die Nutzung der Systemsteuerung in der Symbolansicht beschrieben.

Rechte und linke Maustaste tauschen

Los geht's! ▶ *Rechte und linke Maustaste tauschen*

Bei Windows unterscheidet man zwischen der primären und der sekundären Maustaste. Die primäre Maustaste dient zum einfachen Anklicken und für den Doppelklick, mit der sekundären Taste öffnet man das Kontextmenü. Üblicherweise ist die linke Maustaste die primäre, die rechte die sekundäre. Linkshänder können die Funktionen der Tasten aber auch einfach umkehren.

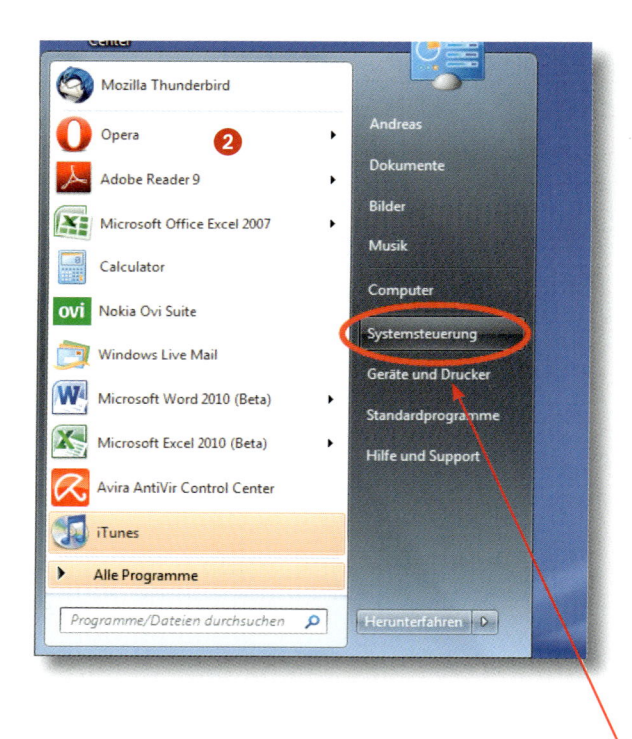

❶ Klicken Sie auf die Startschaltfläche von Windows.

❷ Klicken Sie auf den Eintrag *Systemsteuerung*.

WINDOWS EINFACHER BEDIENEN

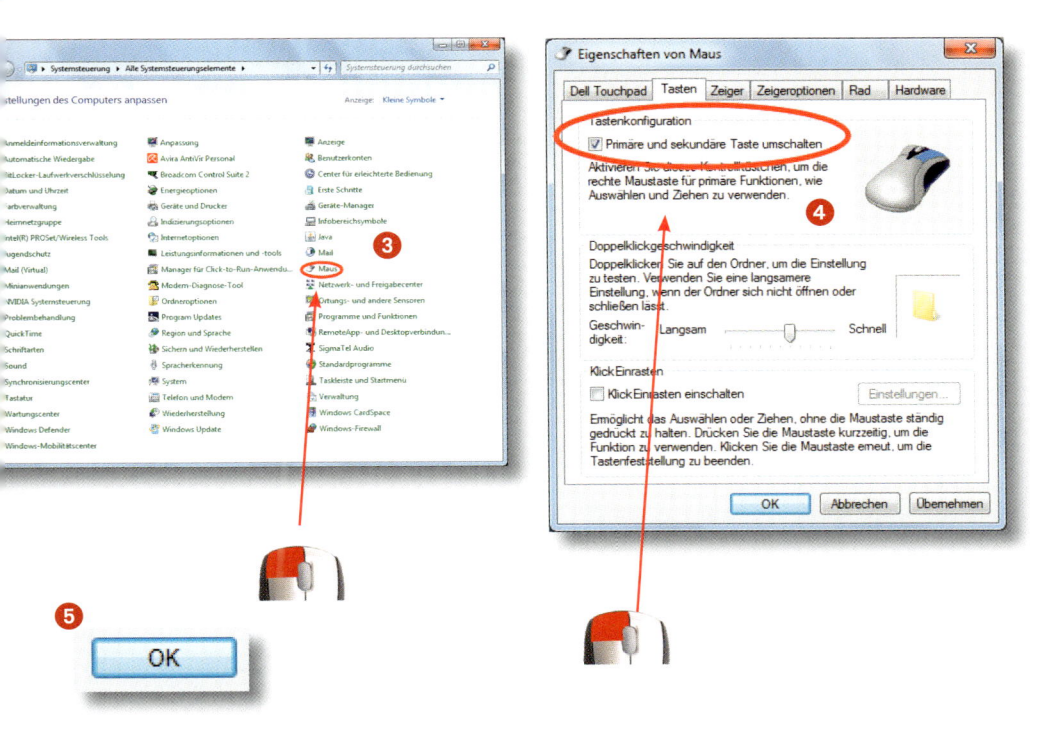

❸ Klicken Sie in der Systemsteuerung (Symbolansicht) auf *Maus*.

❹ Die Registerkarte *Tasten* ist bereits aktiv. Klicken Sie hier in das Kästchen vor dem Eintrag *Primäre und sekundäre Taste umschalten*, sodass hier ein Häkchen zu sehen ist.

❺ Klicken Sie auf *OK*, um die Änderung zu bestätigen.

FERTIG!

WISSENSWERTES

Viele Funktionen und Befehle, die Sie unter Windows mit einem Mausklick aufrufen, können Sie optional auch über einzelne Tasten oder Tastenkombinationen aktivieren. In vielen Situationen sind die Tasten bzw. Tastenkombinationen sogar deutlich praktischer als das Hantieren mit der Maus. Zum Aufruf des Startmenüs können Sie beispielsweise auch einfach die Windowstaste verwenden.

Zwei Fenster bildschirmfüllend nebeneinander anordnen (Aero Snap)

Los geht's! ▶ *Zwei Fenster bildschirmfüllend nebeneinander anordnen (Aero Snap)*

Mit der Aero-Oberfläche von Windows 7 können Sie ganz einfach zwei Fenster nebeneinander bildschirmfüllend auf Ihrem Monitor platzieren. Dazu führen Sie folgende Schritte aus:

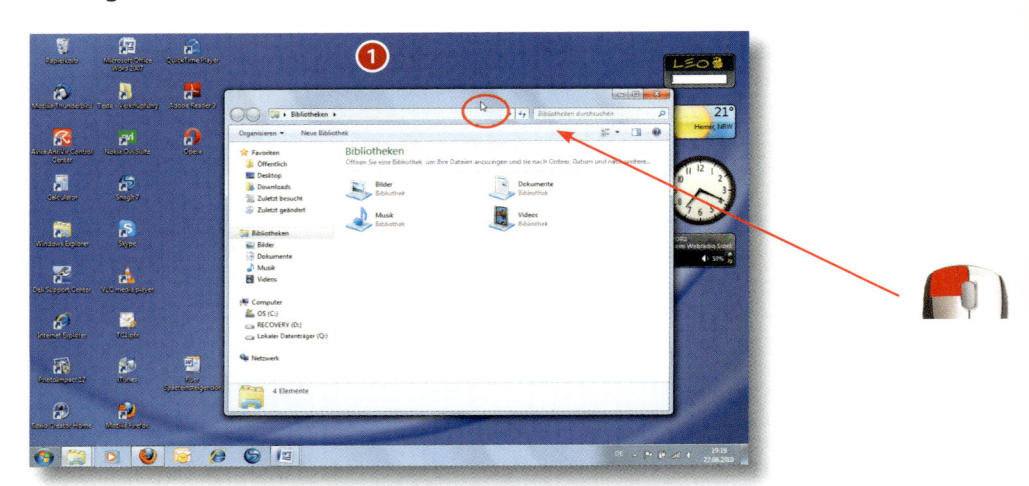

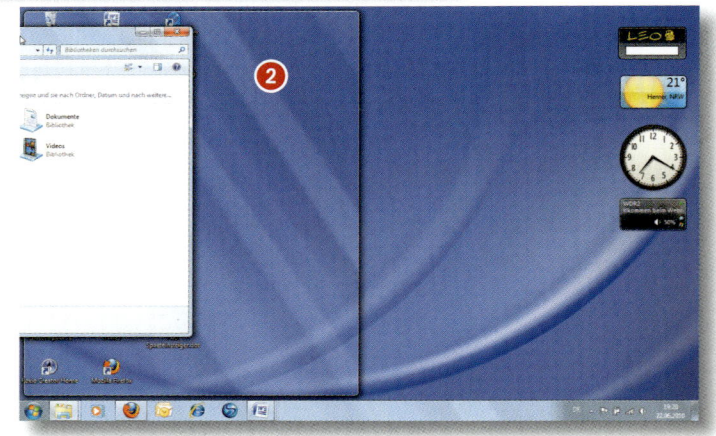

❶ Positionieren Sie zunächst den Mauszeiger auf der Titelleiste des ersten Programmfensters.

❷ Drücken Sie nun die linke Maustaste und ziehen Sie das Fenster bei gedrückt gehaltener Taste an den gewünschten Bildschirmrand (links oder rechts).

30

WINDOWS EINFACHER BEDIENEN

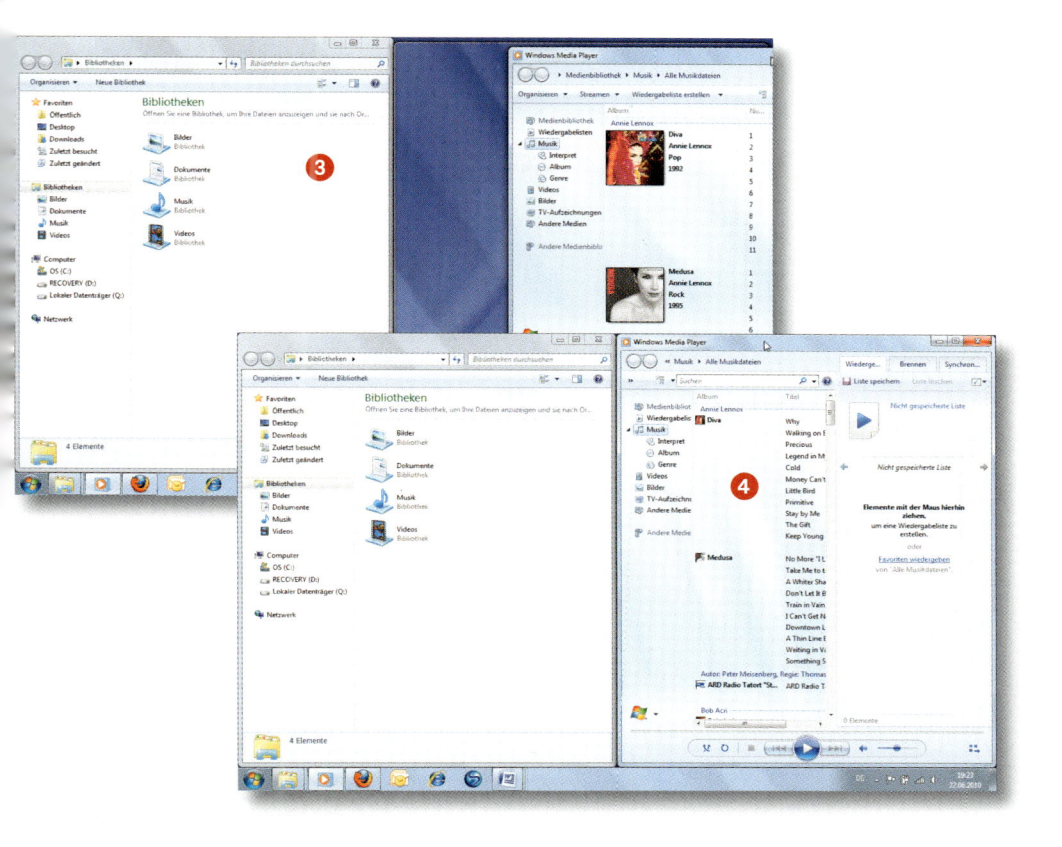

❸ Gelangen Sie mit dem Mauszeiger an den Rand des Bildschirms, erscheint ein Rahmen und Sie lassen die Maustaste los. Das Fenster nimmt nun den halben Bildschirm ein.

❹ Verschieben Sie nun das zweite Programmfenster auf dieselbe Weise an den gegenüberliegenden Rand des Bildschirms.

FERTIG!

WISSENSWERTES

Sie können das aktive Fenster auch über die Tastenkombination Windows-Taste und Pfeil links bzw. Pfeil rechts an den linken bzw. rechten Bildrand andocken.

Schneller Durchblick auf dem Desktop (Aero Peek)

Los geht's! ▶ *Schneller Durchblick auf dem Desktop (Aero Peek*

Oft haben Sie mehrere Programmfenster gleichzeitig geöffnet und wollen schnell wieder zum Desktop zurück, um z. B. einen Blick auf die Minianwendungen zu erhalten oder ein weiteres Dokument oder Programm über eine Verknüpfung aufzurufen Mit nur einem Mausklick lässt sich dies erreichen.

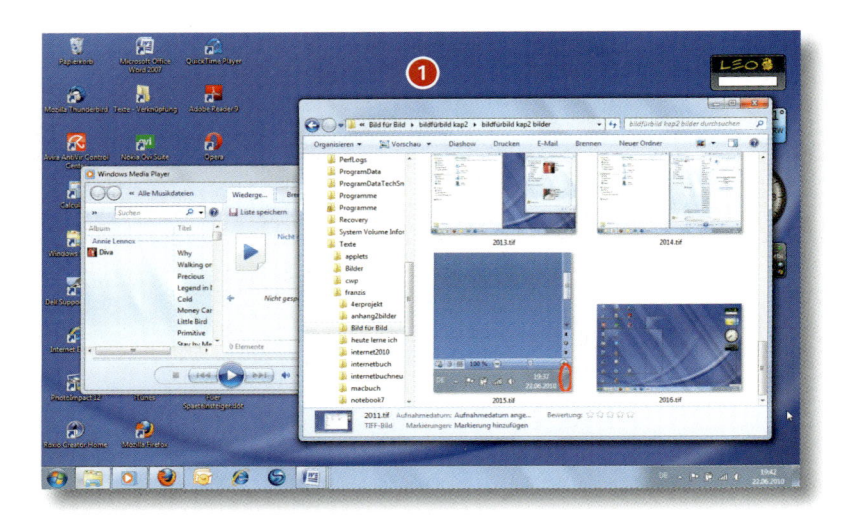

❶ Bewegen Sie den Mauszeiger auf das kleine Rechteck ganz rechts in der Taskleiste neben der Zeit- und Datumsanzeige.

❷ Klicken Sie auf das Rechteck. Alle Fenster werden minimiert, sodass Sie einen direkten Zugang zum Desktop haben. Sie können auf dem Desktop nun alle Aktionen wie gewohnt ausführen.

WINDOWS EINFACHER BEDIENEN

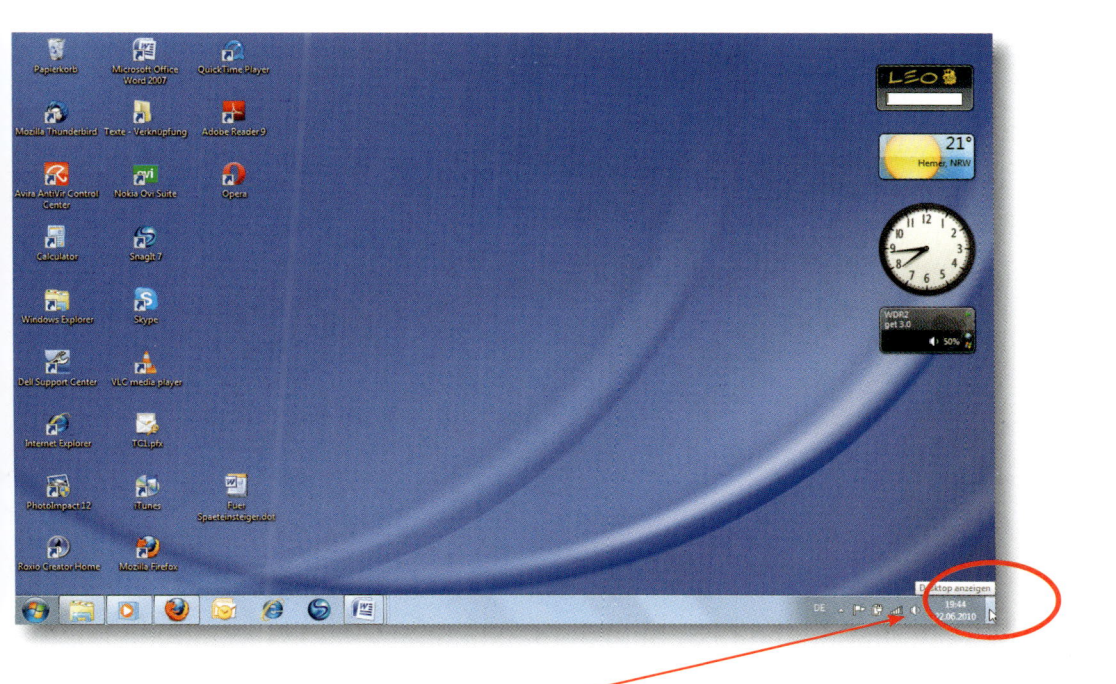

❸ Mit einem erneuten Klick auf das Rechteck versetzen Sie alle Fenster wieder in den ursprünglichen Zustand zurück.

FERTIG!

WISSENSWERTES

Wenn Sie den Mauszeiger nur auf der Rechteckschaltfläche positionieren, jedoch nicht klicken, bekommen Sie ebenfalls Durchblick auf den Desktop, etwa auf die hier eingebundenen Mini-Anwendungen: Hierbei können Sie jedoch keine Aktionen durchführen. Bewegen Sie die Mauszeiger von der Schaltfläche weg, werden alle geöffneten Fenster wieder angezeigt.

Fenster schnell maximieren

Los geht's! ▶ *Fenster schnell maximieren*

Um ein aktives Fenster schnell zu maximieren, gibt es verschiedene Möglichkeiten. Die einfachste zeigen wir Ihnen hier.

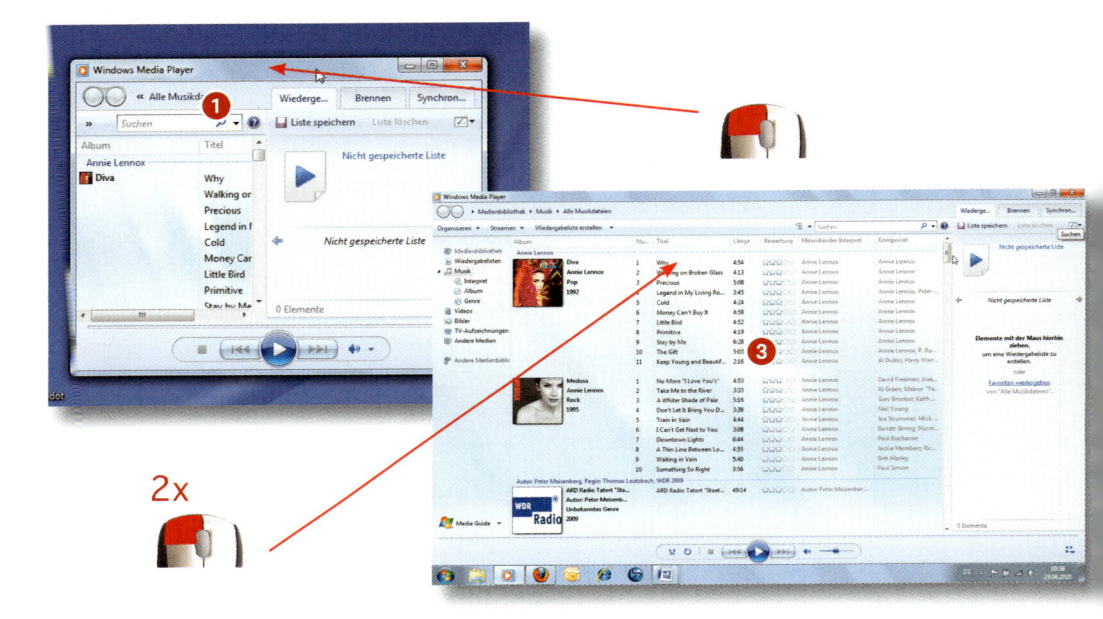

① Bewegen Sie den Mauszeiger auf die Titelleiste eines Programmfensters, das noch nicht maximiert ist.

② Führen Sie einen Doppelklick aus. Das Fenster wird maximiert und nimmt den kompletten Bildschirm ein.

③ Um es wieder auf die vorherigen Abmessungen zu verkleinern, können Sie erneut einen Doppelklick in der Titelleiste machen.

FERTIG!

WISSENSWERTES

Ein aktives Fenster können Sie auch über die Tastenkombination Windows-Taste und Pfeil oben maximieren. Über *Windows-Taste* und *Pfeil unten* verkleinern Sie es entsprechend wieder.

WINDOWS EINFACHER BEDIENEN

Los geht's! ▶ *Größere Systemschrift und Symbole verwenden*

Vor allem bei den etwas kleineren Notebook-Bildschirmen fallen Symbole und Beschriftungen mitunter etwas klein aus und bereiten deshalb Probleme. Eine einfache Option kann hier Abhilfe schaffen.

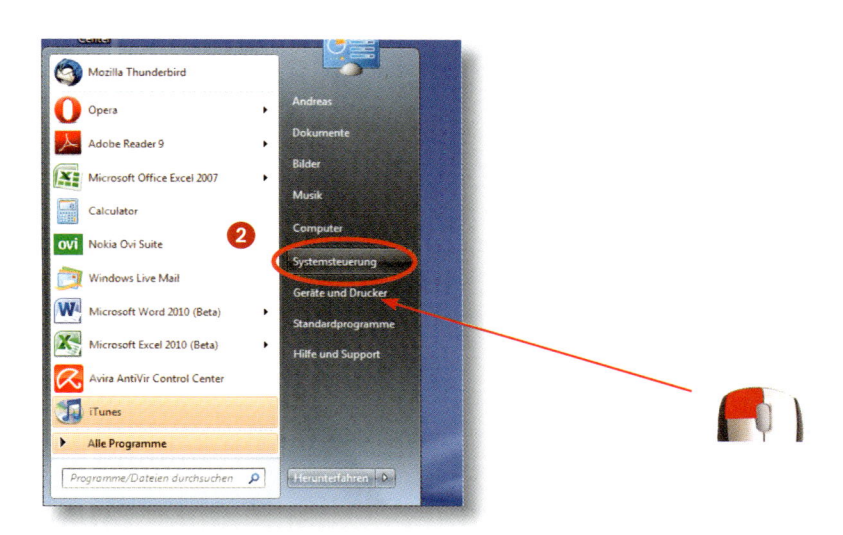

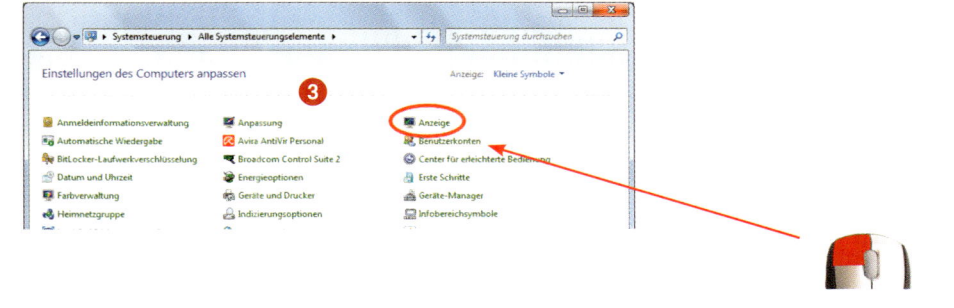

① Klicken Sie auf die Windows-Startschaltfläche.

② Klicken Sie auf *Systemsteuerung*.

③ Klicken Sie in der Symbolansicht der Systemsteuerung auf *Anzeige*.

35

Größere Systemschrift und Symbole verwenden

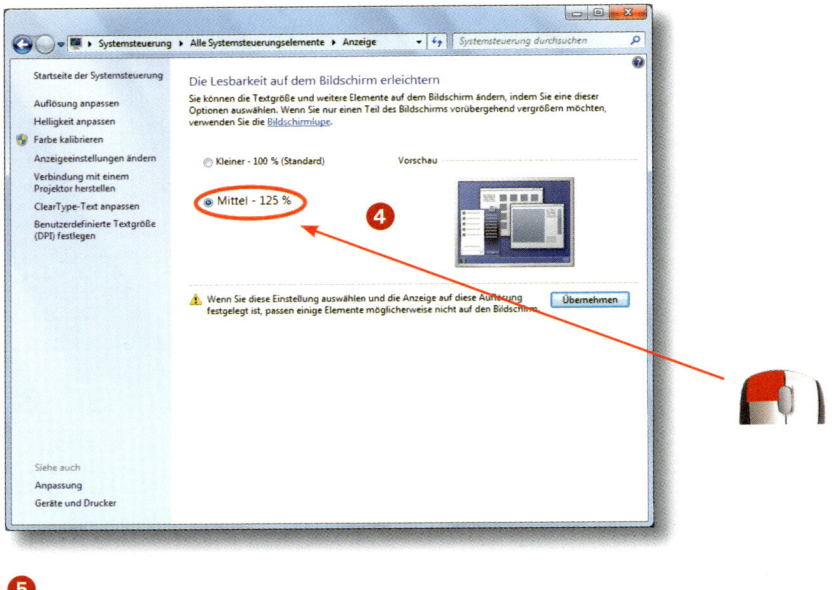

4 Klicken Sie auf die Option *Mittel – 125 Prozent* oder *Groß – 150 Prozent*, um Texte und andere Elemente entsprechend größer angezeigt zu bekommen. Die aktivierte Option wird durch den schwarzen Punkt in dem Kreis angezeigt.

5 Bestätigen Sie die Änderung, indem Sie auf *Übernehmen* klicken.

FERTIG!

WISSENSWERTES

Die Option *Groß – 150 Prozent* steht nur dann zur Verfügung, wenn Ihr Monitor eine Auflösung von mindestens 1.200 x 900 Pixel unterstützt.

WINDOWS EINFACHER BEDIENEN

Los geht's! ▶ *Die Taskleiste verschieben*

Die Taskleiste ist ein zentrales Bedienelement von Windows. Standardmäßig ist sie am unteren Rand des Bildschirms zu finden, bei Bedarf können Sie sie aber woanders platzieren.

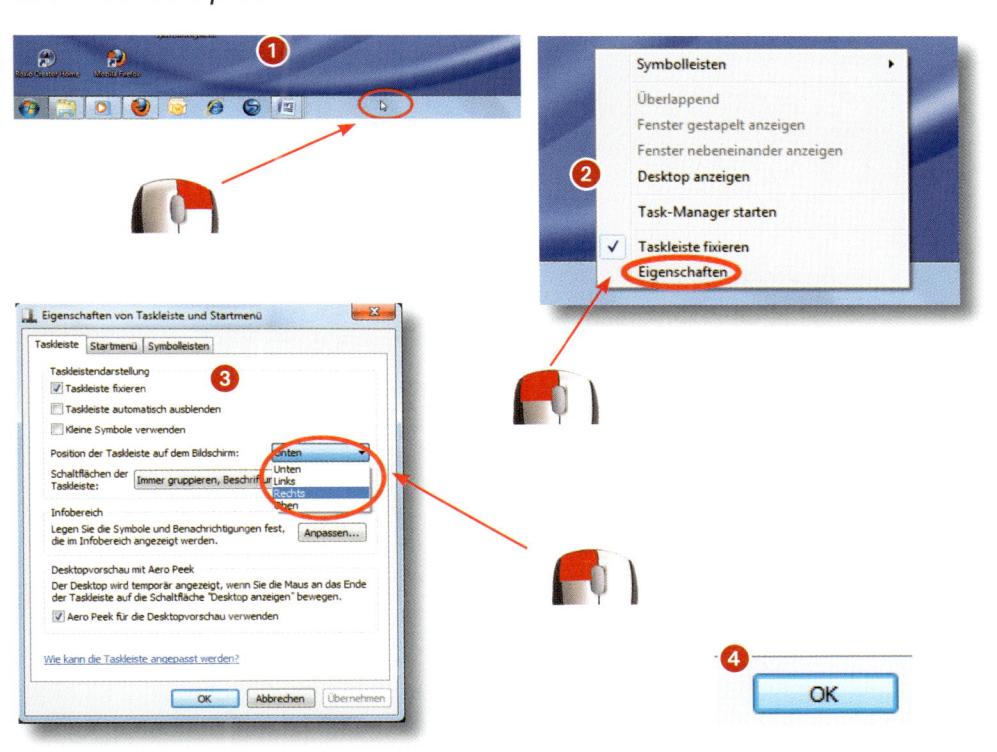

① Klicken Sie mit der rechten Maustaste auf einen freien Bereich in der Taskleiste.

② Klicken Sie im Kontextmenü auf *Eigenschaften*.

③ Klicken Sie in das Auswahlfeld hinter *Position der Taskleiste auf dem Bildschirm* und wählen Sie hier die gewünschte Position (*Rechts, Oben, Links, Unten*).

④ Bestätigen Sie die Wahl mit *OK*.

FERTIG!

Die Taskleiste automatisch ausblenden

Los geht's! ▶ *Die Taskleiste automatisch ausblenden*

Windows lässt sich so einstellen, dass die Taskleiste nicht immer zu sehen ist, sondern nur dann eingeblendet wird, wenn Sie den Mauszeiger an den unteren Bildrand schieben. Auf diese Weise kann etwa bei kleinen Monitoren zusätzlicher Platz gewonnen werden.

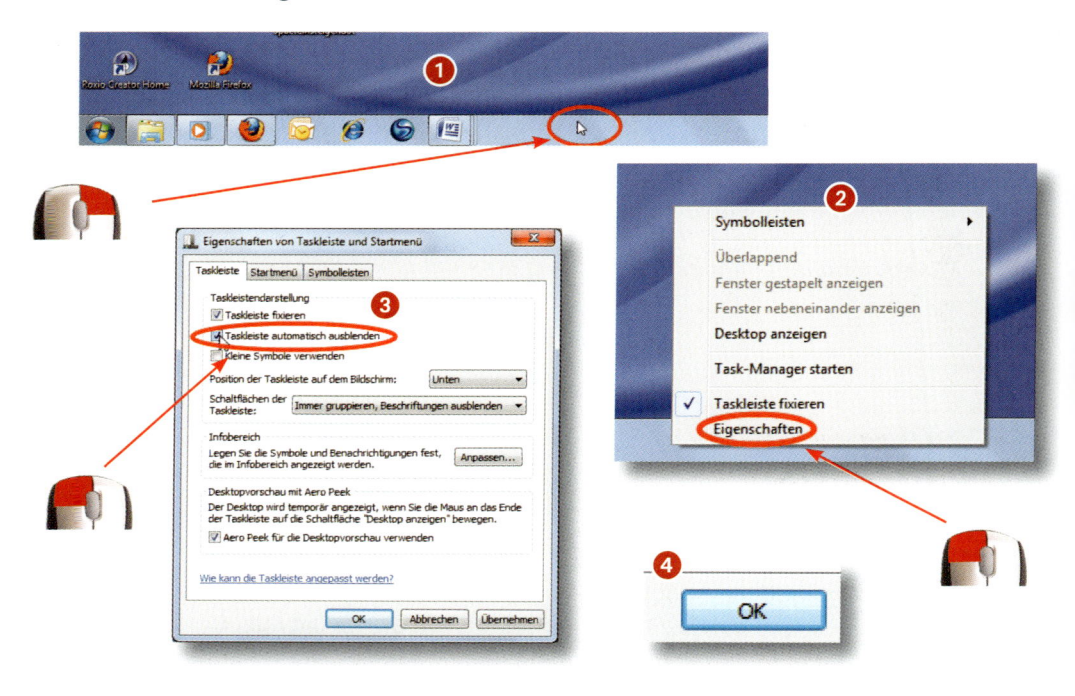

① Klicken Sie mit der rechten Maustaste auf einen freien Bereich in der Taskleiste.

② Klicken Sie im Kontextmenü auf *Eigenschaften*.

③ Klicken Sie in das Kästchen vor dem Eintrag *Taskleiste automatisch ausblenden*, sodass hier anschließend ein Häkchen zu sehen ist.

④ Bestätigen Sie die Änderung mit einem Klick auf die *OK*-Schaltfläche.

FERTIG!

WINDOWS EINFACHER BEDIENEN

Los geht's! ▶ *Taskleiste vergrößern*

Haben Sie auf Ihrem Bildschirm viel Platz und arbeiten Sie mit vielen geöffneten Programmen gleichzeitig, können Sie es sich auch leisten, die Taskleiste zu vergrößern.

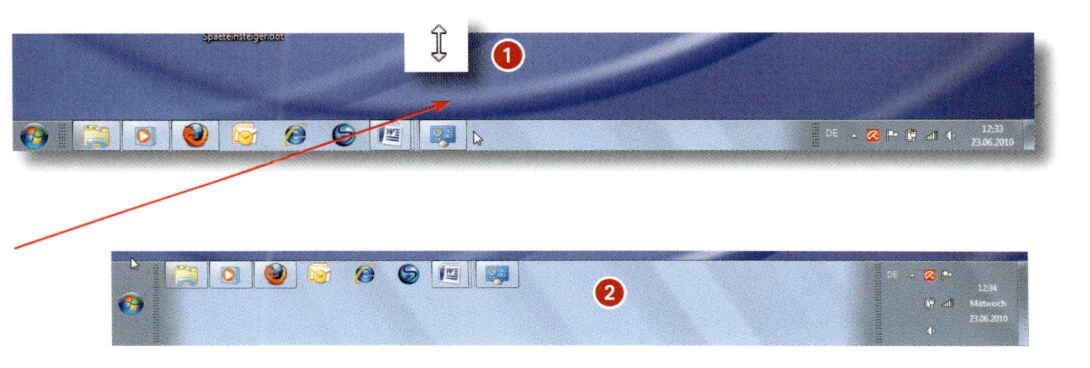

① Bewegen Sie den Mauszeiger so auf den oberen Rand der Taskleiste, dass er sich in einen Doppelpfeil verwandelt.

② Drücken Sie nun die linke Maustaste und ziehen Sie den Mauszeiger bei gedrückt gehaltener Taste nach oben, bis die Taskleiste sich vergrößert. Durch weiteres Ziehen können Sie die Taskleiste noch weiter vergrößern.

③ Lassen Sie dann einfach die Maustaste los. Die Taskleiste bietet jetzt noch mehr Platz.

FERTIG!

WISSENSWERTES

Das Vergrößern (und auch das Verkleinern) der Taskleiste ist nur dann möglich, wenn sie nicht fixiert ist. Stellen Sie diese Option daher gegebenenfalls ab, indem Sie im Kontextmenü der Taskleiste das Häkchen vor dem Eintrag *Taskleiste fixieren* entfernen.

Symbole im Infobereich anpassen

Los geht's! ▶ *Symbole im Infobereich anpassen*

Der Infobereich befindet sich rechts in der Taskleiste. Er enthält standardmäßig Symbole sowie Benachrichtigungen verschiedener Anwendungen, die meist permanent im Hintergrund laufen. Sie können sich zusätzliche Symbole und Benachrichtigungen einblenden lassen.

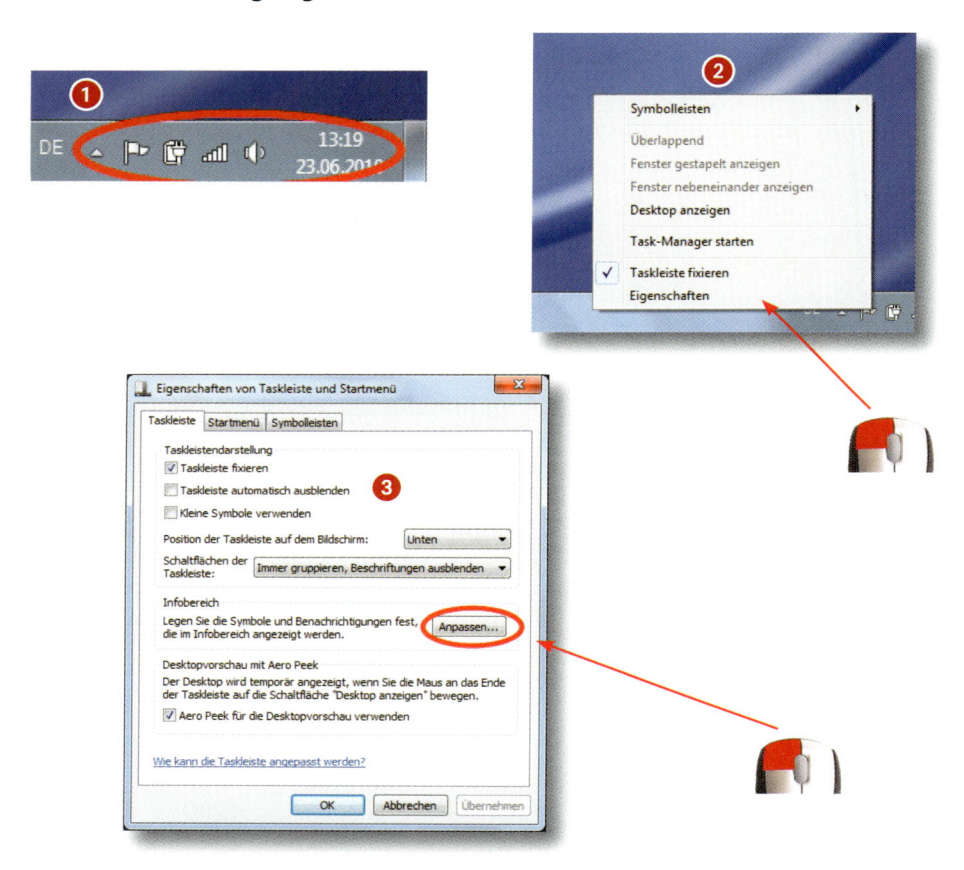

① Klicken Sie mit der rechten Maustaste auf einen freien Bereich in der Taskleiste.

② Klicken Sie im Kontextmenü auf *Eigenschaften*.

③ Klicken Sie im Dialogfenster im Sektor *Infobereich* auf die Schaltfläche *Anpassen*.

WINDOWS EINFACHER BEDIENEN

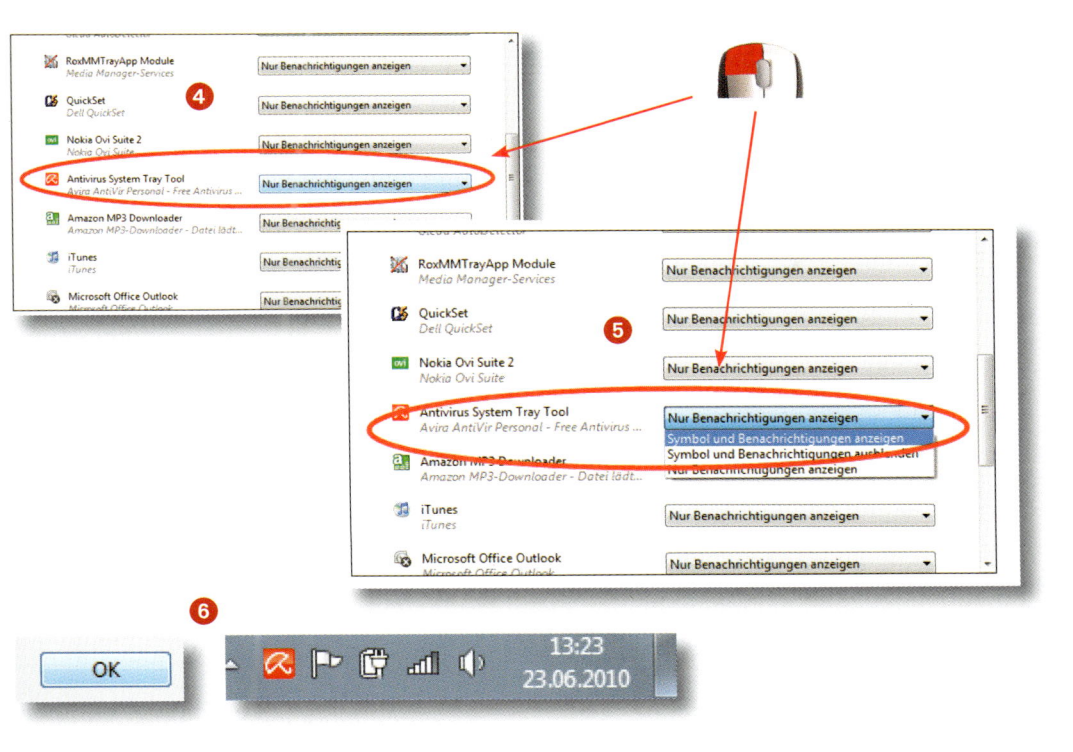

❹ Suchen Sie in der Liste der angezeigten Symbole die Anwendung, die Sie ständig im Blick haben möchten.

❺ Klicken Sie bei dieser Anwendung auf den Eintrag *Nur Benachrichtigungen anzeigen* und anschließend auf *Symbol und Benachrichtigungen* anzeigen.

❻ Bestätigen Sie mit *OK*. Das Symbol erscheint nun permanent im Infobereich.

FERTIG!

WISSENSWERTES

Nicht benötigte Symbole können Sie auf diesem Weg auch wieder entfernen. Wählen Sie in diesem Fall die Option *Nur Benachrichtigung anzeigen*.

Ein Programm an die Taskleiste anheften

Los geht's! ▶ *Ein Programm an die Taskleiste anheften*

Programme, die Sie häufiger verwenden, können Sie am bequemsten starten, wenn Sie sie an die Taskleiste „anheften".

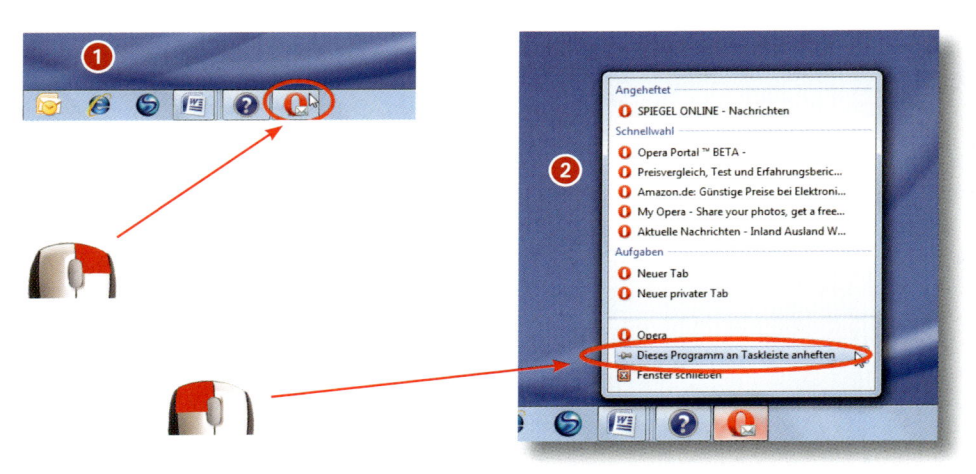

❶ Ist das Programm, das Sie an die Taskleiste heften möchten, bereits geöffnet, klicken Sie das entsprechende Symbol in der Taskleiste einfach mit der rechten Maustaste an.

❷ Es öffnet sich die sogenannte Sprungliste. Klicken Sie in der Sprungliste auf den Eintrag *Dieses Programm an Taskleiste anheften*.

❸ Das Programmsymbol für diese Anwendung bleibt nun auch nach Beenden des Programms in der Taskliste erhalten.

FERTIG!

WISSENSWERTES

Bereits angeheftete Programme können Sie auf demselben Weg auch wieder aus der Taskleiste entfernen. Bei angehefteten Anwendungen finden Sie in der Sprungliste den Eintrag *Dieses Programm von der Taskleiste lösen*, den Sie dann anklicken.

WINDOWS EINFACHER BEDIENEN

Los geht's! ▶ *Dokumente über Sprunglisten aufrufen*

Windows bietet Ihnen die Möglichkeit, häufiger genutzte oder zuletzt verwendete Dokumente über Sprunglisten schnell und einfach aufzurufen.

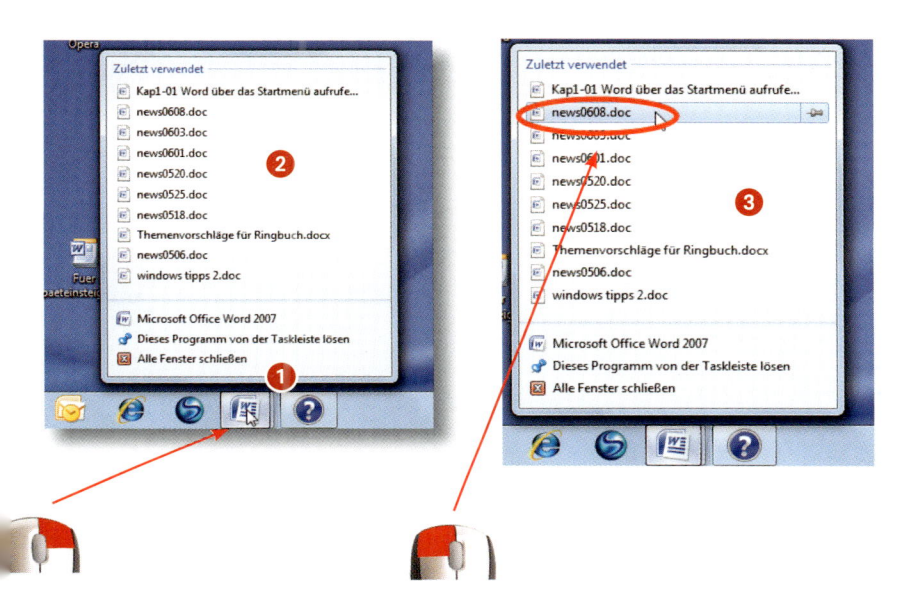

① Klicken Sie mit der rechten Maustaste auf das Symbol der gewünschten Anwendung in der Taskleiste (z. B. Word).

② Die Sprungliste zeigt Ihnen häufig genutzte und zuletzt geöffnete Dokumente an.

③ Klicken Sie auf einen Dokumenteintrag, um das Dokument zu öffnen.

FERTIG!

WISSENSWERTES

Das Aussehen der Sprunglisten unterscheidet sich von Programm zu Programm und hängt auch davon ab, welche Aktionen Sie zuvor bereits ausgeführt haben.

Dokumente an eine Sprungliste anheften

Los geht's! ▶ **Dokumente an eine Sprungliste anheften**

Sie können Dokumente auch an eine Sprungliste anheften. Diese angehefteten Dokumente bleiben dann dauerhaft in der Liste vorhanden, sodass Sie auch dann wieder direkt darauf zugreifen können, wenn Sie zwischenzeitlich viele andere Dokumente geöffnet haben.

❶ Klicken Sie mit der rechten Maustaste auf das Symbol der gewünschten Anwendung in der Taskleiste.

❷ In der Sprungliste sind bereits häufig genutzte und zuletzt geöffnete Dokumente aufgelistet.

❸ Um ein Dokument anzuheften, klicken Sie auf das Stecknadelsymbol rechts neben dem Dokumentnamen.

❹ Unverzüglich wird das Dokument in die Rubrik *Angeheftet* der Sprungliste aufgenommen.

FERTIG!

WISSENSWERTES

Im Windows Explorer können Sie Dateiordner anheften, um direkt auf bestimmte Ordner zugreifen zu können, ohne langwierig durch komplexe Ordnerstrukturen zu navigieren.

WINDOWS EINFACHER BEDIENEN

os geht's! ▶ *Das erweiterte Senden-an-Menü einblenden*

Mit dem Menüpunkt Senden an *im Kontextmenü können Sie beispielsweise Dateien oder Ordner sehr einfach an unterschiedliche Orte kopieren. Neben den üblicherweise angezeigten Zielen finden Sie hier über einen einfachen Trick noch zahlreiche weitere Nutzungsmöglichkeiten.*

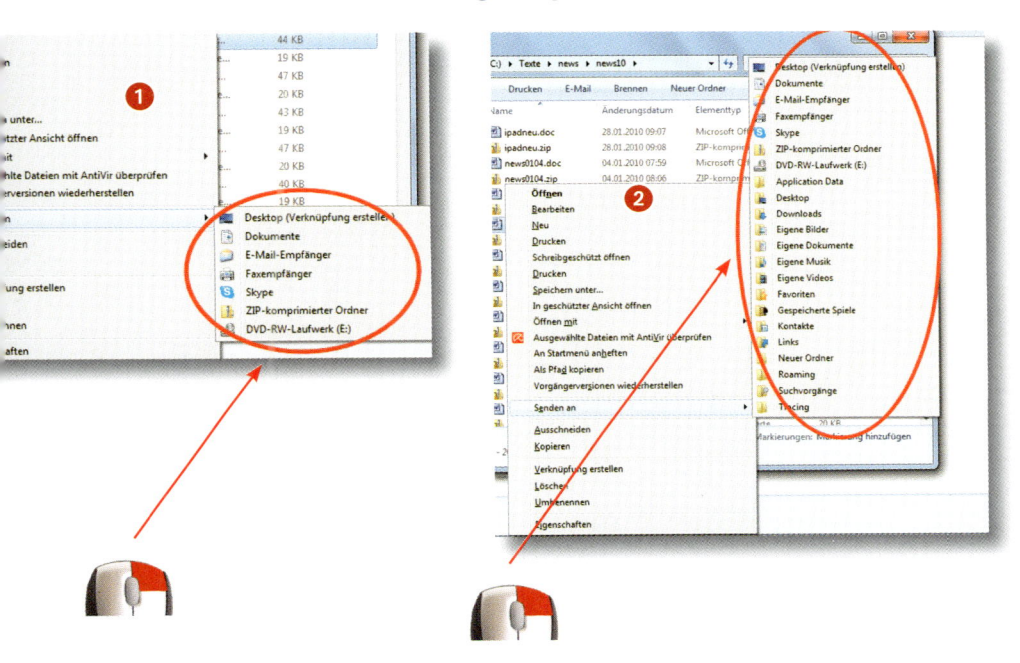

❶ Halten Sie während des Aufrufs des Kontextmenüs über die rechte Maustaste zusätzlich die Taste *Umschalt* (Umschalttaste) gedrückt.

❷ Positionieren Sie den Mauszeiger über dem Kontextmenüeintrag *Senden an*, wird Ihnen eine Reihe weiterer möglicher Ziele angezeigt.

FERTIG!

WISSENSWERTES

Durch das Drücken der Umschalttaste während des Klicks mit der rechten Maustaste erweitert sich auch das Kontextmenü um einige Menüpunkte. So wird dort etwa zusätzlich auch der Eintrag *An Startmenü anheften* eingeblendet.

Einfacher Umgang mit Dateien und Ordnern

- ▶ **Standardanwendungen für bestimmte Dateiformate ändern** _ _ _ _ **48**
- ▶ **Datei ausnahmsweise nicht mit der Standardanwendung öffnen** _ _ **50**
- ▶ **Neue Ordner anlegen** _ _ _ _ _ _ _ _ _ _ _ _ _ _ _ _ _ _ _ **51**
- ▶ **Ordneransicht anpassen** _ _ _ _ _ _ _ _ _ _ _ _ _ _ _ _ **53**
- ▶ **Das Vorschaufenster im Windows-Explorer einblenden** _ _ _ _ _ **54**
- ▶ **Eine Ordneransicht auf andere Ordner übertragen** _ _ _ _ _ _ _ **56**
- ▶ **Ordner in eine Bibliothek aufnehmen** _ _ _ _ _ _ _ _ _ _ **58**
- ▶ **Ordner aus einer Bibliothek entfernen** _ _ _ _ _ _ _ _ _ _ **60**
- ▶ **Eine Desktopverknüpfung erstellen** _ _ _ _ _ _ _ _ _ _ _ **62**
- ▶ **Dateien und Ordner kopieren und verschieben (I)** _ _ _ _ _ _ _ **64**
- ▶ **Dateien und Ordner kopieren und verschieben (II)** _ _ _ _ _ _ _ **66**
- ▶ **Dateien und Ordner kopieren und verschieben (III)** _ _ _ _ _ _ **68**
- ▶ **Mehrere Dateien gemeinsam umbenennen** _ _ _ _ _ _ _ _ _ **70**

Standardanwendungen für bestimmte Dateiformate ändern

Los geht's! ▶ *Standardanwendungen für bestimmte Dateiformate ändern*

Startet beim Anklicken eines Digitalfotos, eines Textes oder eines Internet-Links ein Programm, mit dem Sie dieses Dokument eigentlich gar nicht öffnen möchten? Sie haben jederzeit die Möglichkeit, jedem Dateityp eine neue Anwendung zuzuordnen.

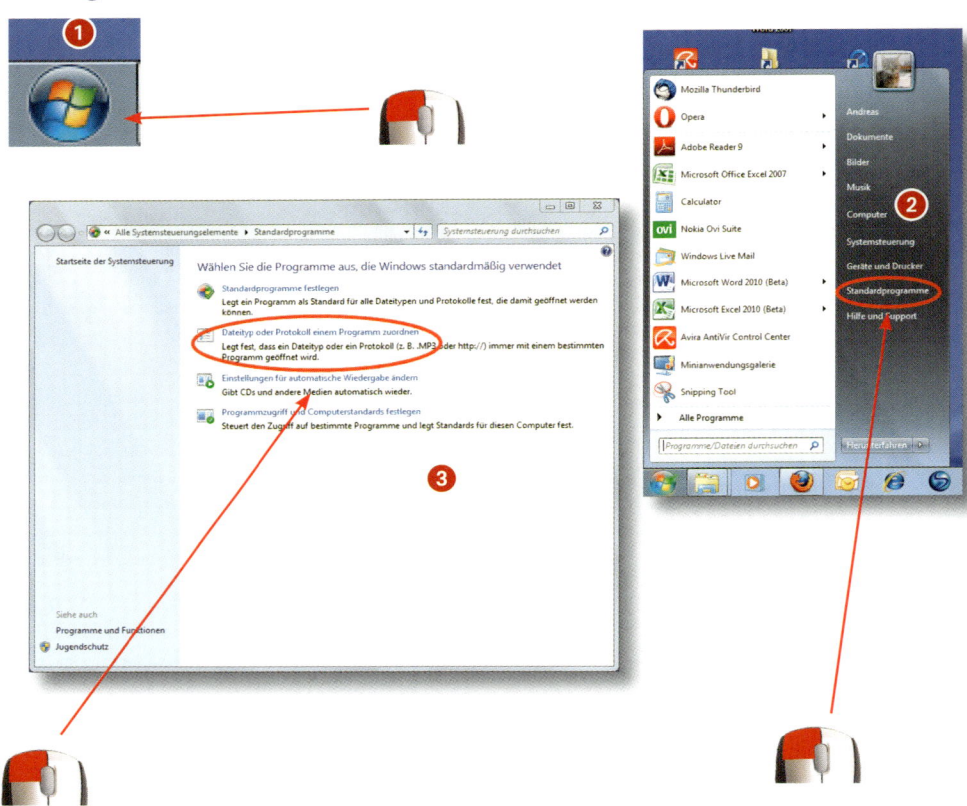

❶ Klicken Sie auf die Windows-Startschaltfläche.

❷ Klicken Sie im Startmenü auf den Eintrag *Standardprogramme*.

❸ Klicken Sie auf *Dateityp oder Protokoll einem Programm zuordnen*.

EINFACHER UMGANG MIT DATEIEN UND ORDNERN

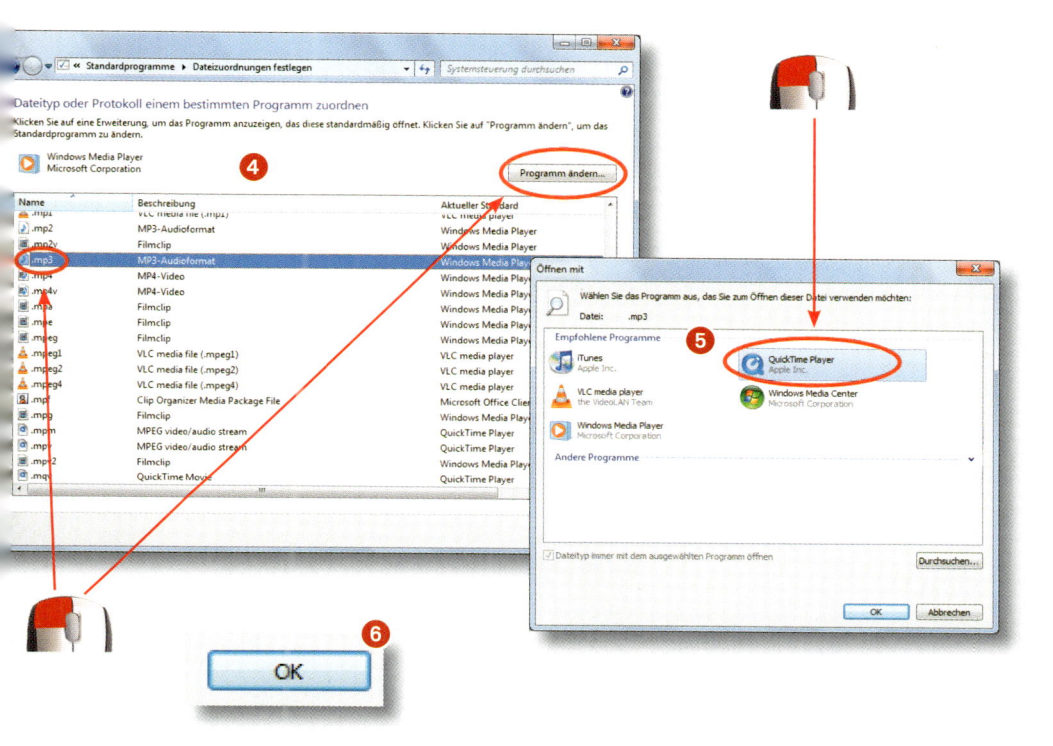

❹ Windows erstellt eine Liste mit allen Dateiformaten, die auf Ihrem PC vorhanden sind, was einige Zeit dauern kann. Suchen Sie in dieser Liste das Dateiformat aus (beispielsweise *.mp3* für MP3-Dateien). Klicken Sie auf dieses Format und dann auf die Schaltfläche *Programm ändern*.

❺ Sie sehen nun die für diesen Dateityp empfohlenen Programme. Klicken Sie das gewünschte Programm an.

❻ Bestätigen Sie Ihre Änderung mit einem Klick auf die *OK*-Schaltfläche.

FERTIG!

WISSENSWERTES

Einige Programme tragen sich bei der Installation mitunter gleich als Standardanwendung für zahlreiche Dateiformate ein. Wundern Sie sich daher nicht, wenn auf einmal wieder eine andere Anwendung als gedacht einen Dateityp anzeigt bzw. wiedergibt.

Datei ausnahmsweise nicht mit der Standardanwendung öffnen

Los geht's! ▶ *Datei ausnahmsweise nicht mit der Standardanwendung öffnen*

Möchten Sie einen Dateityp nur einmalig oder hin und wieder einmal mit einer anderen als der Standardanwendung öffnen, lässt sich das über das Kontextmenü einfach einstellen.

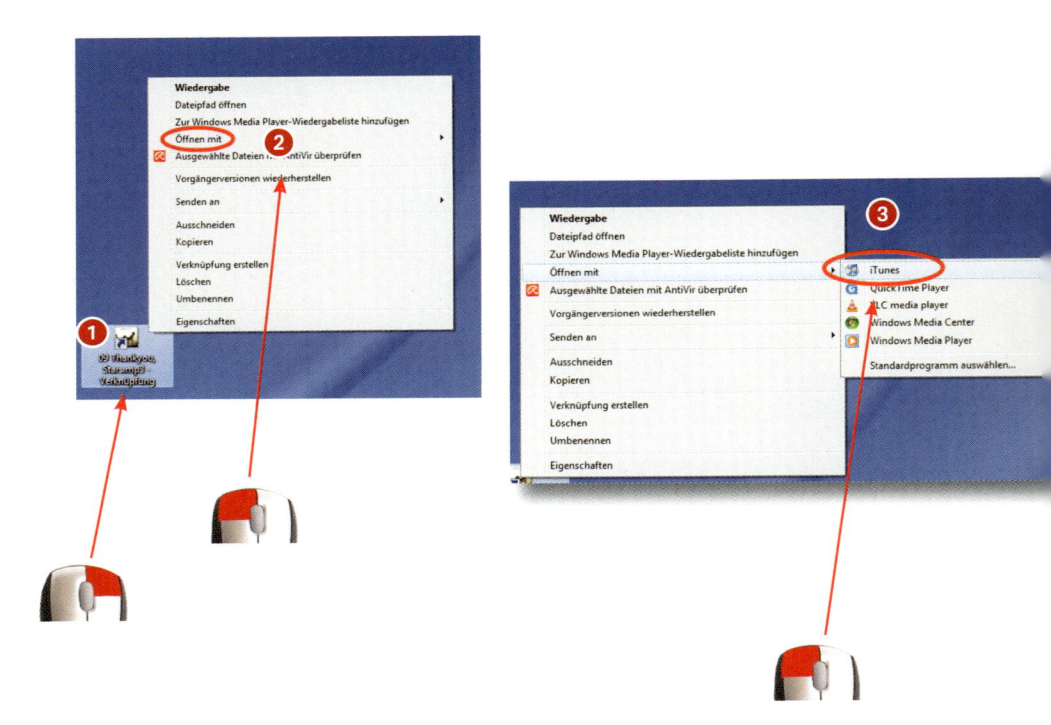

❶ Klicken Sie das gewünschte Dokument mit der rechten Maustaste an.

❷ Führen Sie den Mauszeiger auf die Kontextmenüoption *Öffnen mit*.

❸ Es erscheint eine Liste mit Programmen, die das ausgewählte Dokument anzeigen können. Klicken Sie dort das gewünschte Programm an.

FERTIG!

EINFACHER UMGANG MIT DATEIEN UND ORDNERN

os geht's! ▶ *Neue Ordner anlegen*

Auch auf Ihrem Computer lohnt es sich, eine gewisse Ordnung zu halten. Zwar lassen sich mit Windows verschiedene Dateien auch dann schnell wiederfinden, wenn Sie sie über die ganze Festplatte verstreut gespeichert haben, aber Sie sollten trotzdem von der Möglichkeit zum Anlegen eigener Ordner ausgiebig Gebrauch machen.

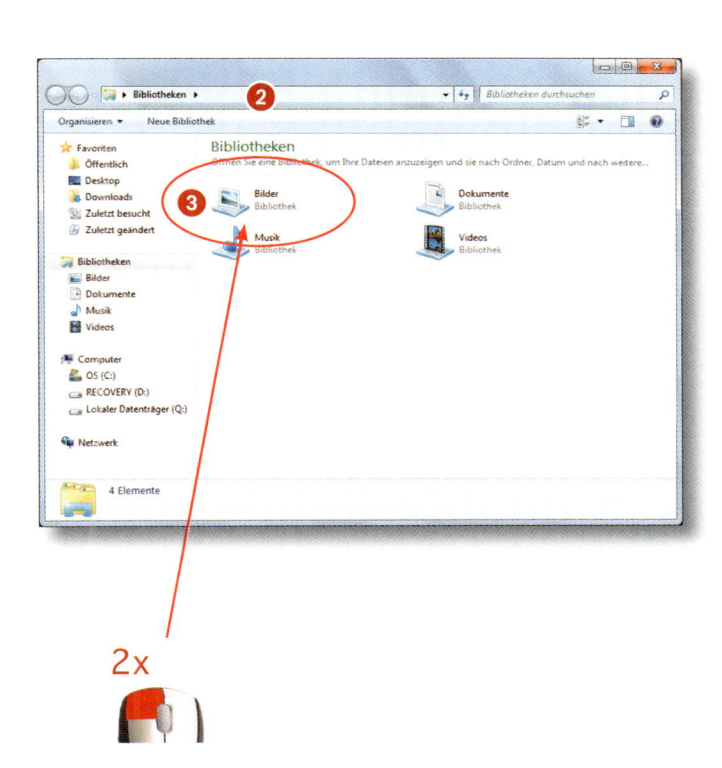

① Starten Sie den Windows-Explorer über das Symbol in der Taskleiste.

② Der Windows-Explorer erscheint in der Bibliotheksansicht und Sie sehen rechts im Fenster die Symbole für die Bibliotheksbereiche *Bilder*, *Dokumente*, *Musik* oder *Videos*.

③ Wollen Sie nun etwa Urlaubsfotos von Ihrer Digitalkamera auf den PC überspielen und in einem eigenen Ordner speichern, klicken Sie doppelt auf das Symbol der Bibliothek *Bilder*.

Neue Ordner anlegen

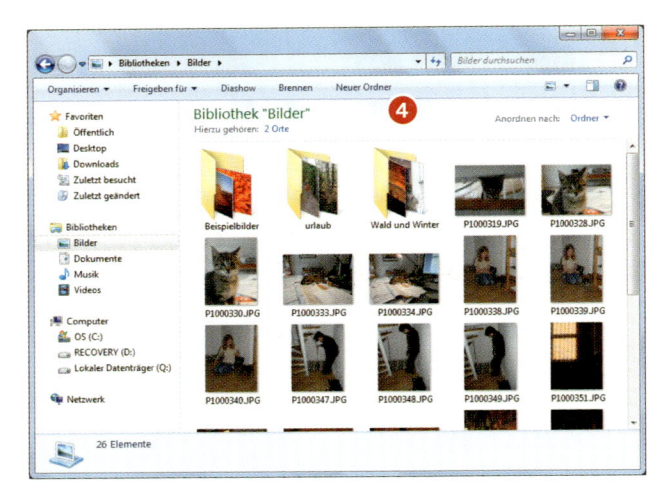

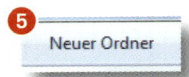

❹ Die Bibliothek *Bilder* erscheint und Sie bekommen die dort bereits vorhandenen Bilder und Ordner angezeigt.

❺ Zum Anlegen eines neuen Ordners klicken Sie auf die Schaltfläche *Neuer Ordner*.

❻ Ein zusätzliches Symbol für den neuen Ordner wird eingeblendet. Unterhalb des Ordners ist der vorläufige Name (*Neuer Ordner*) blau eingefärbt sichtbar. Sie können diesen Namen direkt überschreiben. Geben Sie also über die Tastatur den gewünschten Namen ein (z. B. *Ferien*).

❼ Beenden Sie die Eingabe des Namens mit der Eingabetaste. Der Ordner trägt nun den gewünschten Namen.

FERTIG!

EINFACHER UMGANG MIT DATEIEN UND ORDNERN

Los geht's! ▶ *Ordneransicht anpassen*

Es gibt verschiedene Möglichkeiten, wie Sie sich die Details in einem Ordner anzeigen lassen können. Je nachdem, um welche Dateitypen es sich handelt und wie viele Dateien in einem Ordner enthalten sind, kann mal die eine und mal die andere Ansicht die richtige sein.

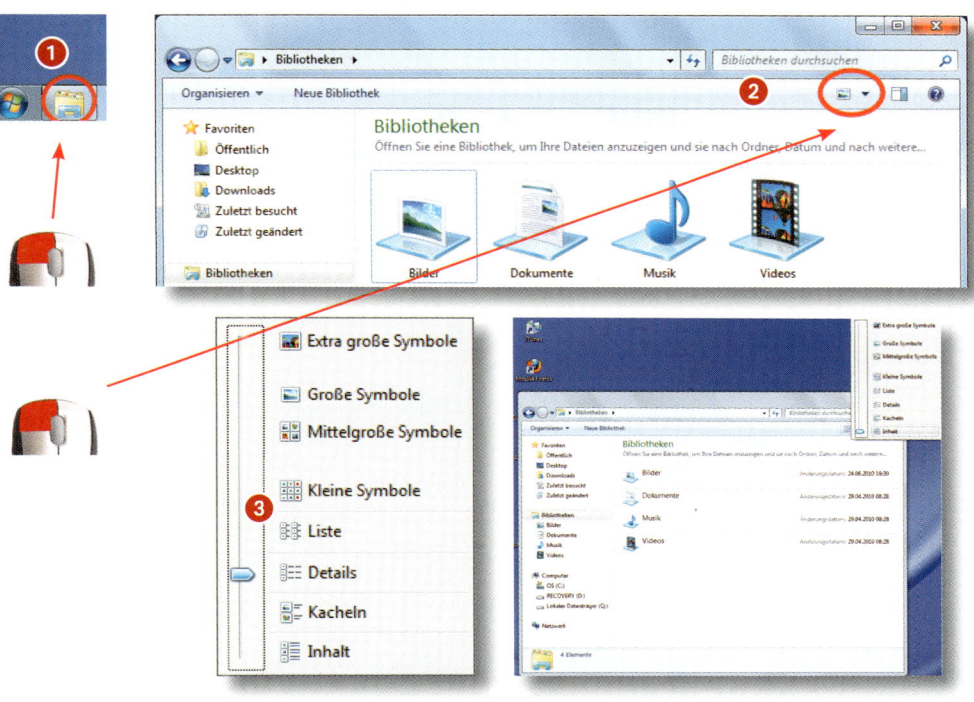

① Öffnen Sie den Windows-Explorer.

② Klicken Sie auf die Schaltfläche mit dem kleinen schwarzen Dreieck rechts unterhalb des Suchfensters.

③ Eine Übersicht der verschiedenen zur Verfügung stehenden Ansichten erscheint. Probieren Sie die unterschiedlichen Ansichten aus, indem Sie sie nacheinander anklicken, oder verschieben Sie den Regler durch Anklicken und Ziehen und beobachten Sie, wie sich die Darstellung verändert.

FERTIG!

Das Vorschaufenster im Windows-Explorer einblenden

Los geht's! ▶ *Das Vorschaufenster im Windows-Explorer einblenden*

Je nachdem, welchen Ansichtsmodus Sie gewählt haben, kann es mitunter hilfreich sein, sich ein etwas genaueres Bild von den einzelnen Dateien in einem Ordner machen zu können. Das Vorschaufenster hilft Ihnen dabei.

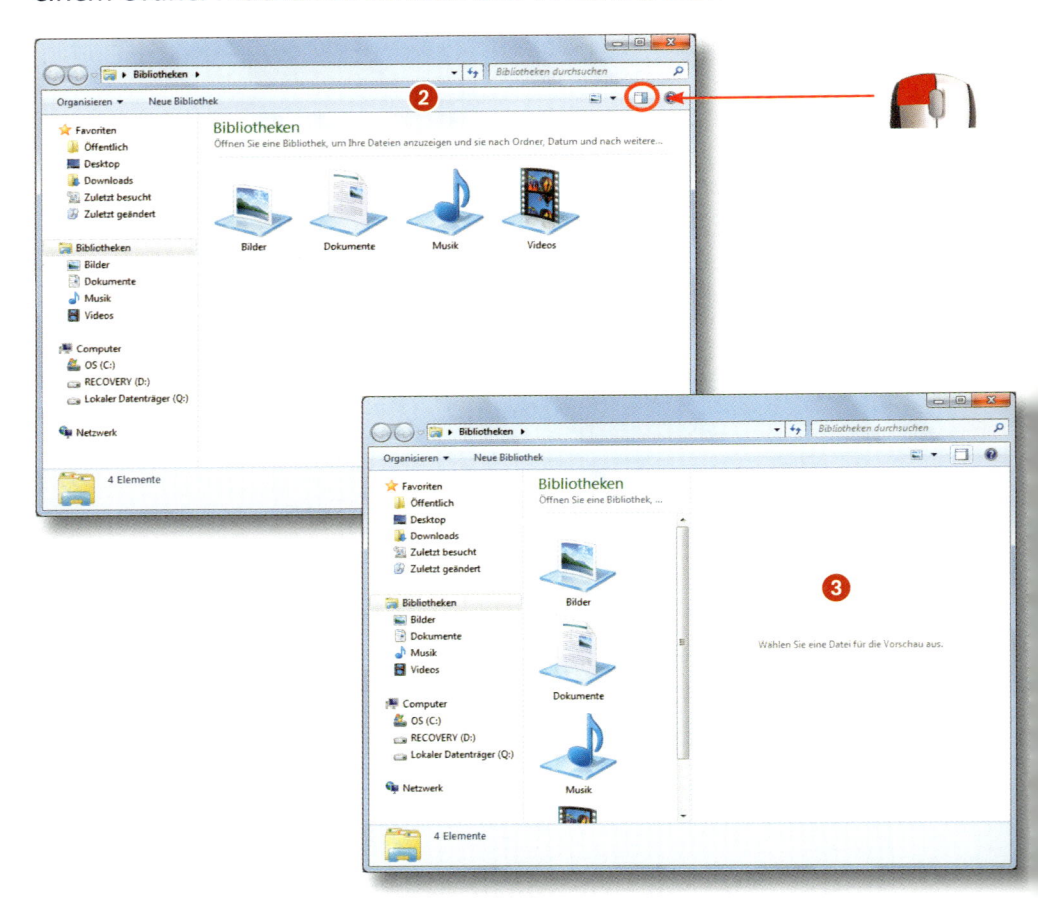

❶ Starten Sie den Windows-Explorer.

❷ Klicken Sie im Explorer-Fenster auf die Schaltfläche zum Einblenden des Vorschaufensters.

❸ Rechts im Fenster erscheint ein zusätzlicher Anzeigebereich.

EINFACHER UMGANG MIT DATEIEN UND ORDNERN

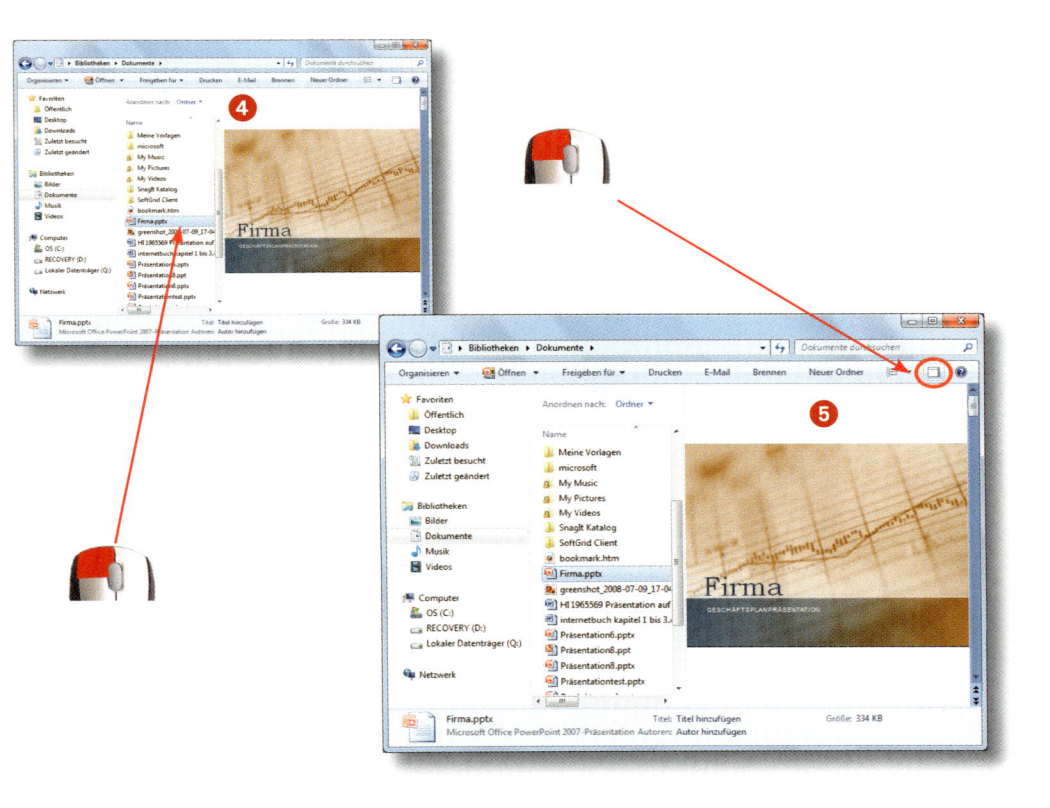

④ Klicken Sie auf die Datei, von der Sie eine Vorschau sehen möchten.

⑤ Zum Ausblenden der Vorschau klicken Sie wieder auf dieselbe Schaltfläche wie zum Öffnen der Vorschau.

FERTIG!

WISSENSWERTES

Besonders hilfreich ist die Nutzung des Vorschaufensters dann, wenn Sie beispielsweise in Ordnern mit vielen Textdokumenten auf der Suche nach einem bestimmten Text sind, da Sie sich hierüber gleich den Inhalt des jeweiligen Dokuments ansehen können. In Ordnern mit Bildern, die Sie sich ohnehin schon als große oder extra große Symbole anzeigen lassen, bringt das Vorschaufenster dagegen nur wenig Nutzen.

Eine Ordneransicht auf andere Ordner übertragen

Los geht's! ▶ *Eine Ordneransicht auf andere Ordner übertragen*

Sie haben in einem Ordner die für Sie ideale Ordneransicht gefunden und möchten nun in anderen Ordnern mit ähnlichen Inhalten nicht überall von Hand dieselben Einstellungen vornehmen. Mit ein paar Mausklicks lässt sich dies realisieren.

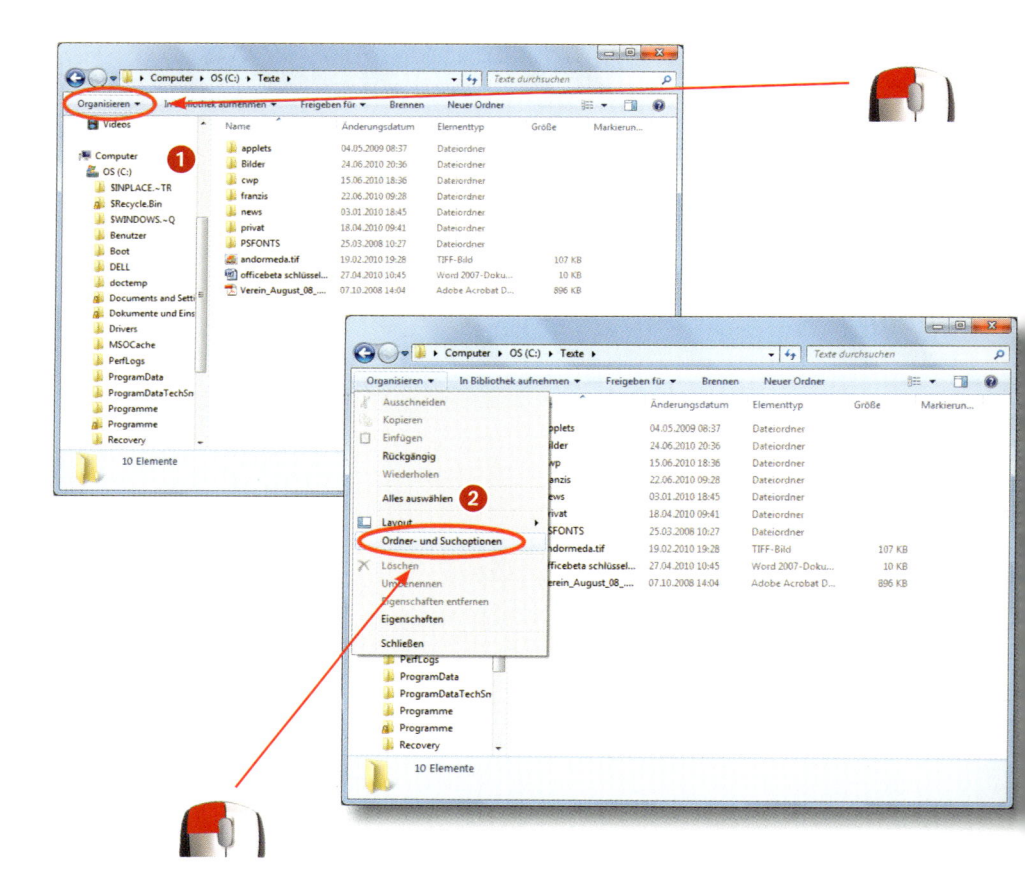

❶ Klicken Sie im Ordner, dessen Ansichtsoption Sie auf andere Ordner übertragen möchten, auf *Organisieren*.

❷ Klicken Sie anschließend auf *Ordner- und Suchoptionen*.

EINFACHER UMGANG MIT DATEIEN UND ORDNERN

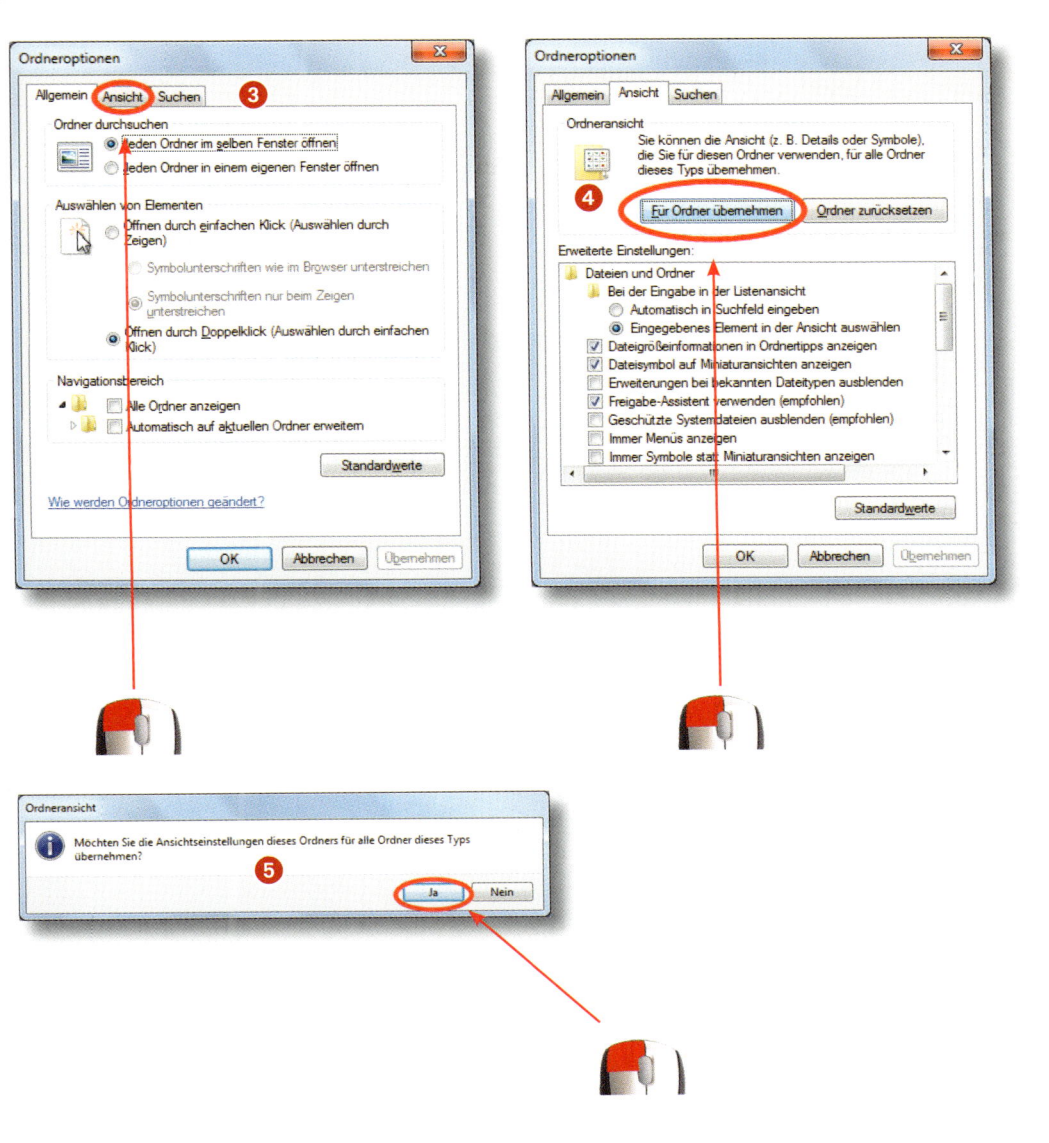

❸ Im Dialogfenster *Ordneroptionen* aktivieren Sie nun die Registerkarte *Ansicht*.

❹ Klicken Sie auf die Schaltfläche *Für Ordner übernehmen*.

❺ Bestätigen Sie die zusätzliche Abfrage mit *Ja*.

FERTIG!

Ordner in eine Bibliothek aufnehmen

Los geht's! ▶ *Ordner in eine Bibliothek aufnehmen*

Über die Bibliotheken können Sie einen einfachen Überblick und Zugriff auf Dateien und Ordner bekommen, auch wenn diese an unterschiedlichen Orten auf dem Rechner gespeichert sind. Der Bibliothek einen weiteren Ordner hinzuzufügen ist eine einfache Sache.

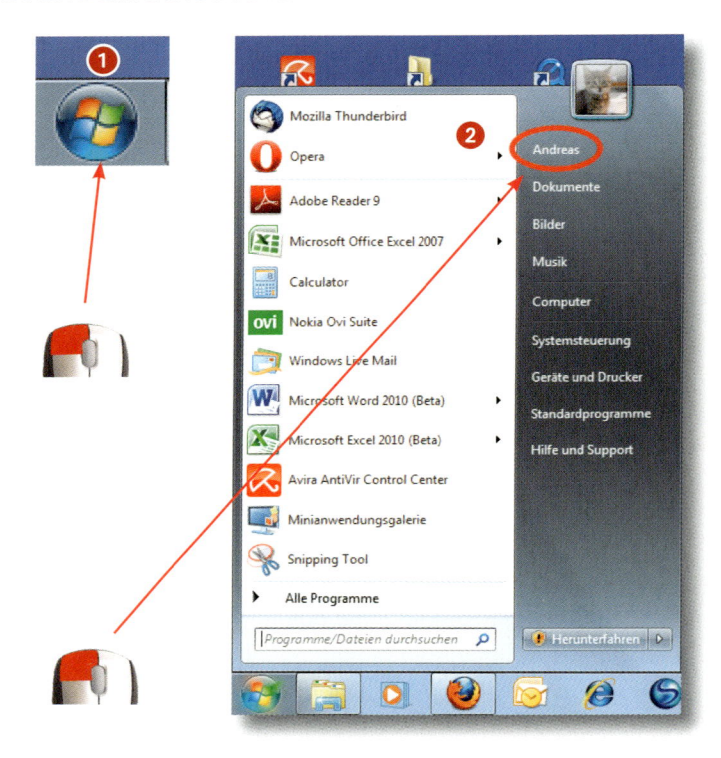

① Klicken Sie auf die Windows-Startschaltfläche.

② Klicken Sie auf Ihren Benutzernamen.

③ Klicken Sie nun den gewünschten Ordner, den Sie in die Bibliothek einbeziehen möchten, mit der rechten Maustaste an. Falls dieser Ordner nicht sofort zu sehen ist, navigieren Sie im linken Fensterbereich zu dem jeweiligen Speicherort.

EINFACHER UMGANG MIT DATEIEN UND ORDNERN

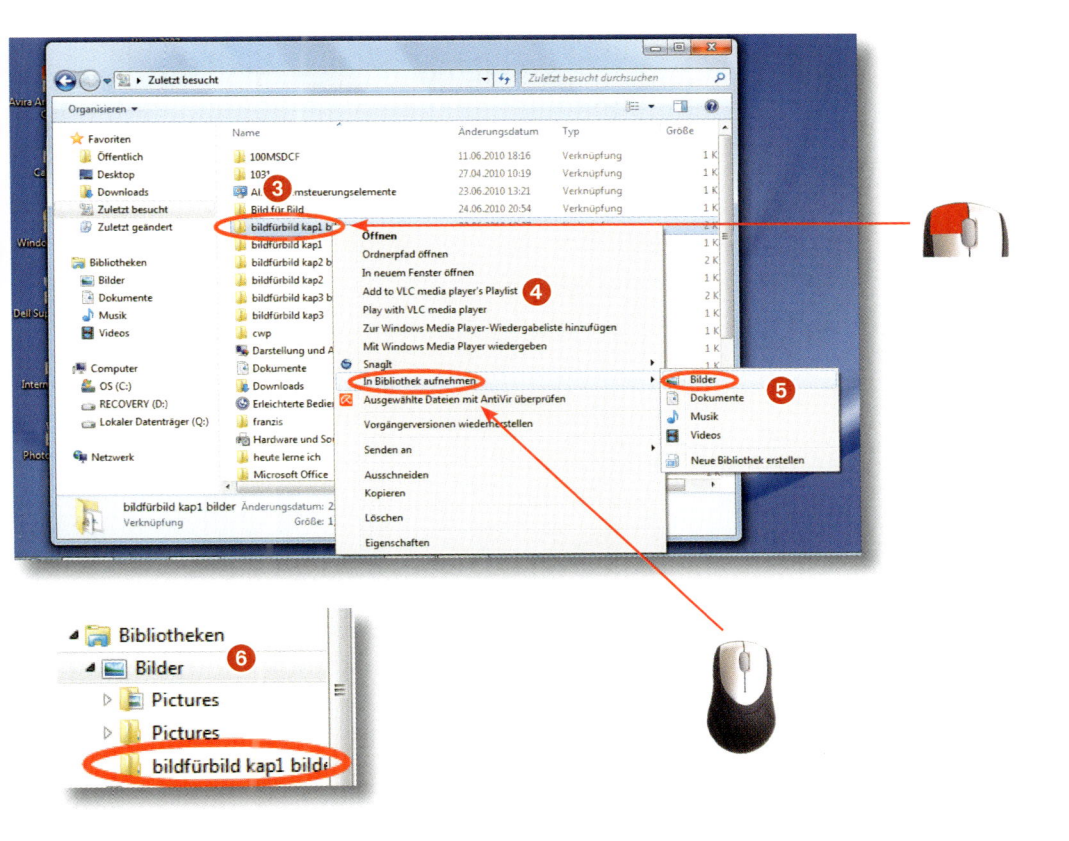

❹ Führen Sie im Kontextmenü den Mauszeiger auf den Eintrag *In Bibliothek aufnehmen*.

❺ Klicken Sie auf die gewünschte Bibliothek in der Liste.

❻ Der ausgewählte Ordner ist in die Bibliothek aufgenommen worden.

FERTIG!

WISSENSWERTES

Sie können jederzeit auch eigene Bibliotheken anlegen und müssen sich nicht mit den von Windows vorgegebenen Bibliotheken begnügen. In der Bibliotheks-Ansicht des Windows-Explorers finden Sie die Schaltfläche *Neue Bibliothek*, mit der Sie die dafür nötigen Schritte per Mausklick erledigen.

Ordner aus einer Bibliothek entfernen

Los geht's! ▶ *Ordner aus einer Bibliothek entfernen*

Falls Sie einen Ordner aus einer Bibliothek wieder entfernen möchten, etwa weil die Liste der Ordner in einer Bibliothek zu lang und unübersichtlich geworden ist und Sie auf bestimmte Ordner ohnehin nicht mehr zugreifen, ist dies ebenso einfach wie das Hinzufügen..

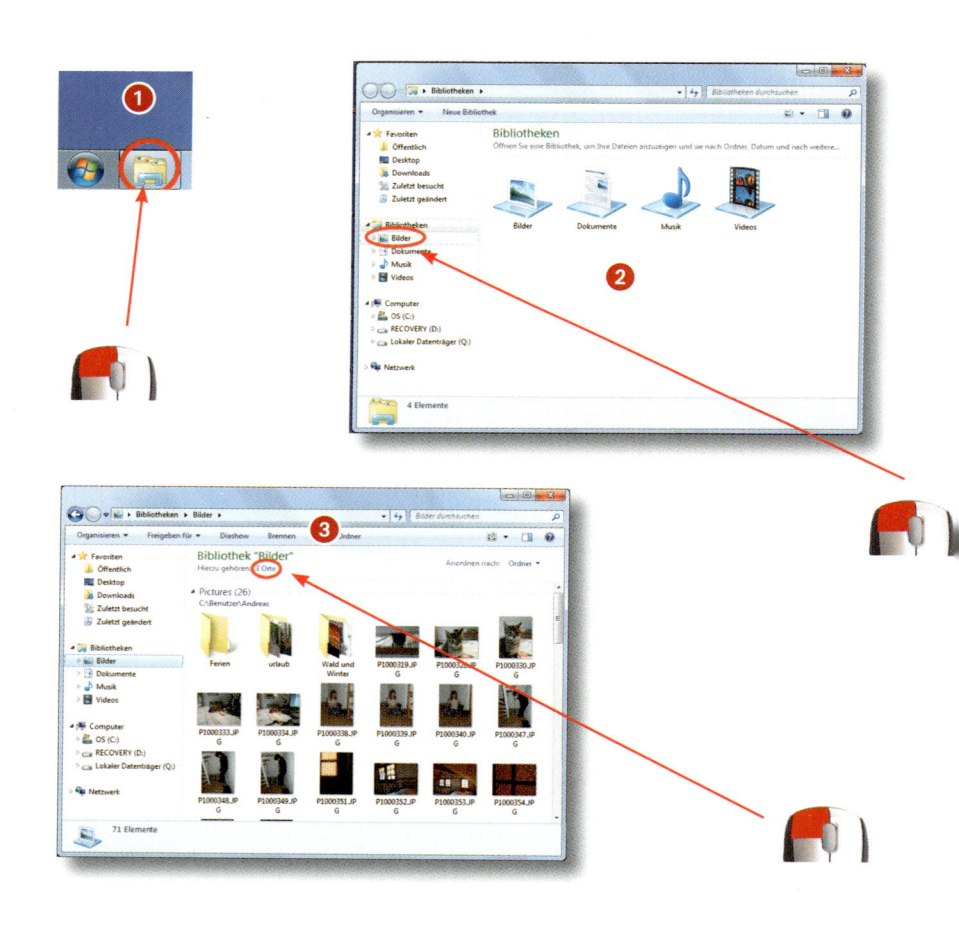

① Starten Sie den Windows-Explorer.

② Klicken Sie im linken Bereich (dem Navigationsbereich) auf die Bibliothek, aus der Sie den Ordner entfernen möchten.

③ Klicken Sie nun auf *Orte*.

EINFACHER UMGANG MIT DATEIEN UND ORDNERN

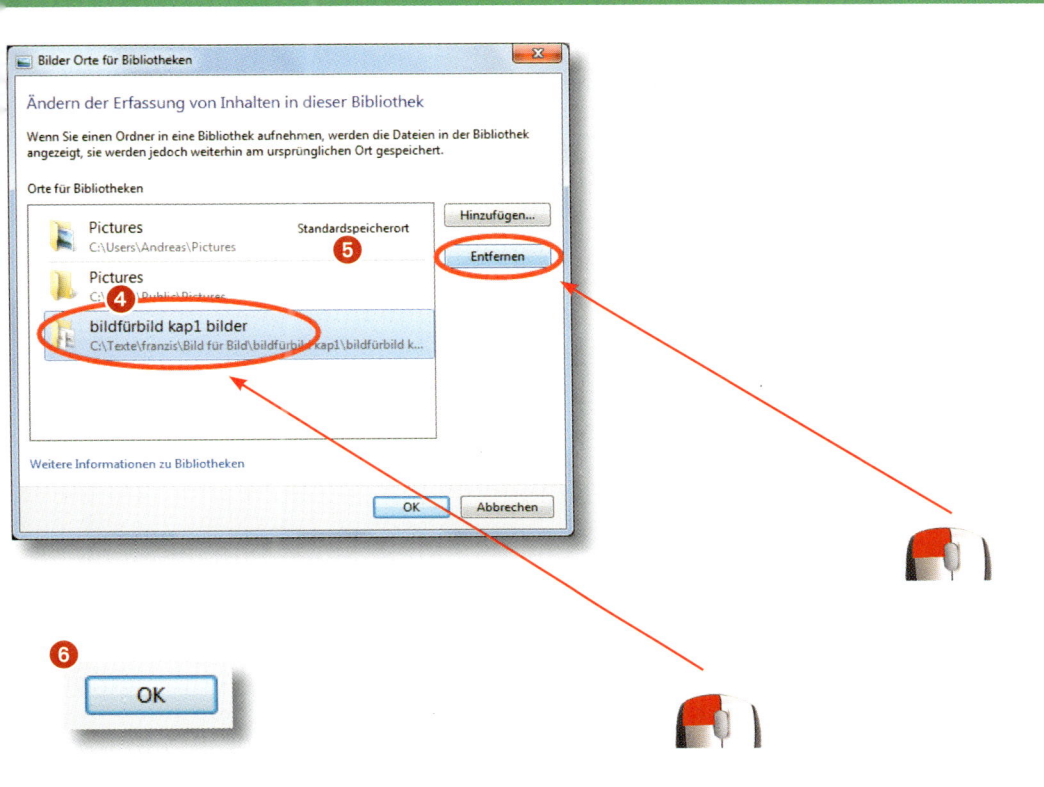

❹ Klicken Sie in der Ordnerliste den Ordner an, den Sie entfernen möchten.

❺ Klicken Sie auf die Schaltfläche *Entfernen*.

❻ Klicken Sie auf *OK*.

FERTIG!

WISSENSWERTES

Entfernen Sie einen Ordner aus einer Bibliothek, bleiben Ordner und Inhalt weiterhin am eigentlichen Speicherort erhalten. Der Ordner wird also nicht gelöscht.

Eine Desktopverknüpfung erstellen

Los geht's! ▶ *Eine Desktopverknüpfung erstellen*

Obwohl Windows etwa über Sprunglisten oder Bibliotheken zahlreiche Möglichkeiten bietet, schnell auf häufig verwendete Ordner oder Dateien zuzugreifen, bleibt das Anlegen einer Desktopverknüpfung eine sinnvolle Option. Am einfachsten erstellen Sie eine Verknüpfung über das Kontextmenü.

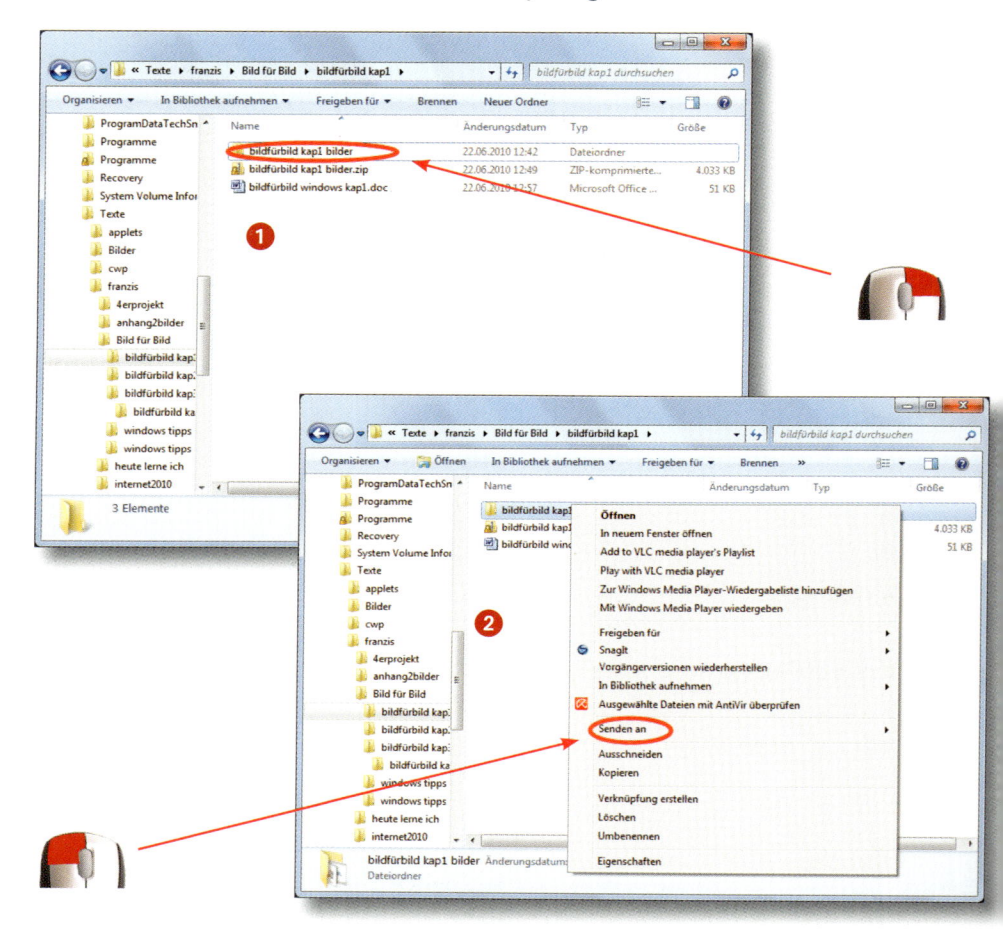

❶ Suchen Sie das gewünschte Dokument oder den Ordner, zu dem Sie eine Verknüpfung erstellen möchten, über den Windows-Explorer.

❷ Klicken Sie mit der rechten Maustaste auf den Ordner oder das Dokument.

EINFACHER UMGANG MIT DATEIEN UND ORDNERN

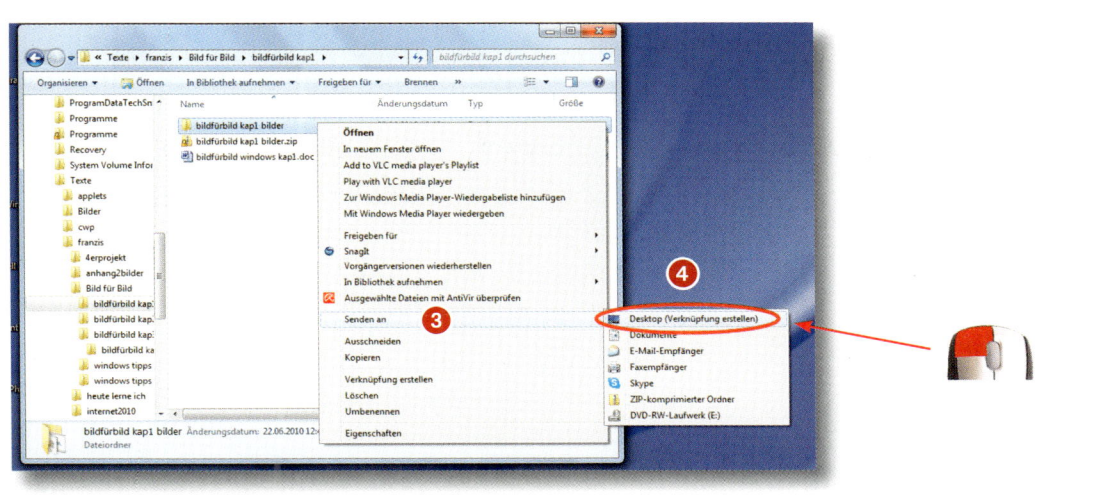

3 Bewegen Sie im Kontextmenü den Mauszeiger auf *Senden an*.

4 Klicken Sie anschließend auf *Desktop (Verknüpfung erstellen)*.

5 Die Verknüpfung ist angelegt. Mit einem Doppelklick können Sie nun das Dokument oder den Ordner jederzeit öffnen.

FERTIG!

WISSENSWERTES

Sie können der Verknüpfung gleich auch einen neuen Namen geben. Klicken Sie dazu das Verknüpfungssymbol mit der rechten Maustaste an und wählen Sie die Kontextmenüoption *Umbenennen*. Tippen Sie dann den gewünschten Namen ein.

Dateien und Ordner kopieren und verschieben (I)

Los geht's! ▶ *Dateien und Ordner kopieren und verschieben (I)*

Zu den häufigsten Aufgaben bei der Computernutzung gehört das Verschieben und Kopieren von Dateien, entweder auf dem PC von einem Speicherort zu einem anderen oder zwischen einem PC und einem angeschlossenen Datenträger (Speicherkarte der Digitalkamera, MP3-Player, Handy etc.). Am einfachsten lassen sich Dateien und Ordner im Windows-Explorer per Drag & Drop (Ziehen und Ablegen) kopieren.

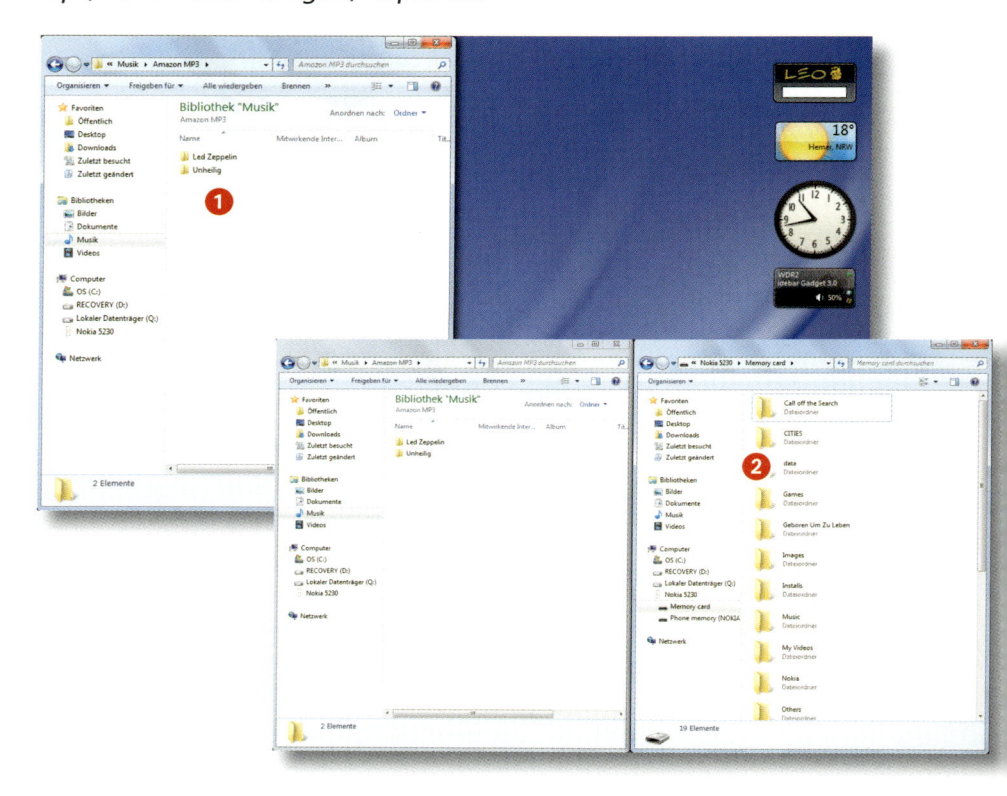

❶ Öffnen Sie in einem Windows-Explorer-Fenster den Ordner bzw. das Laufwerk, in dem sich die Datei befindet, die Sie kopieren oder verschieben möchten. Positionieren Sie dieses Fenster z. B. über die Aero-Snap-Funktion am linken Bildschirmrand.

❷ Öffnen Sie in einem zweiten Fenster den Bestimmungsort und verschieben Sie dieses Fenster an den rechten Bildschirmrand. Eventuell müssen Sie dazu die Ordneroptionen von Windows so einstellen, dass

EINFACHER UMGANG MIT DATEIEN UND ORDNERN

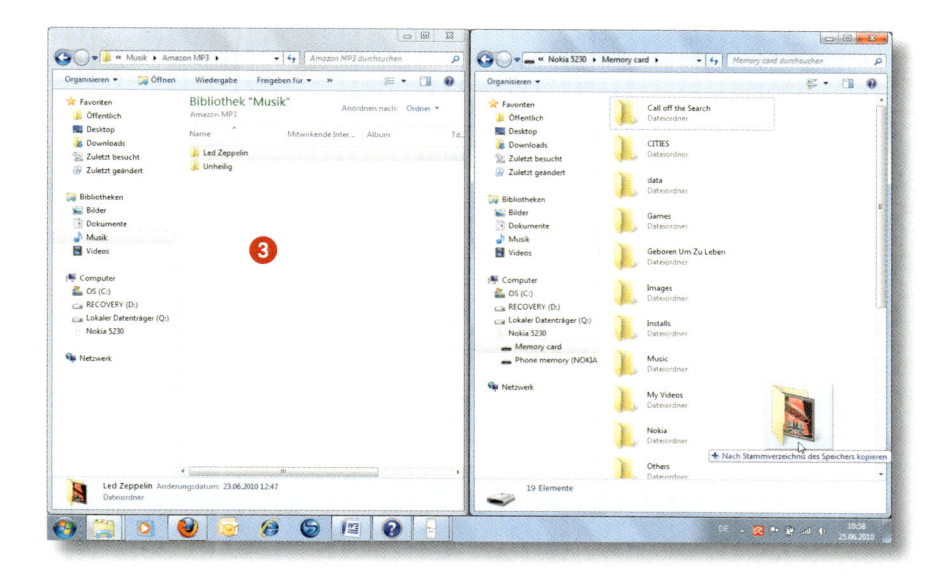

jeder Ordner in einem eigenen Fenster geöffnet wird. Dies können Sie im Windows-Explorer über *Organisieren – Ordner- und Suchoptionen* vornehmen.

❸ Klicken Sie die Datei oder den Ordner im linken Fenster an und ziehen Sie das Objekt bei gedrückt gehaltener Maustaste in den rechten Bereich des rechten Fensters. Neben dem Mauszeiger erscheint ein entsprechendes Symbol oder Vorschaubild für das verschobene bzw. kopierte Objekt.

❹ Sobald Sie die Maustaste loslassen, beginnt der Kopiervorgang bzw. das Verschieben.

FERTIG!

WISSENSWERTES

Windows erstellt immer dann automatisch eine Kopie der ausgewählten Dateien, wenn Ursprungs- und Zielort auf unterschiedlichen Laufwerken liegen, also Dateien etwa von der Festplatte auf eine Speicherkarte transferiert werden oder umgekehrt. Befinden sich hingegen Ursprungs- und Zielort auf demselben Laufwerk, verschiebt Windows die ausgewählte(n) Datei(en)/Ordner.

Dateien und Ordner kopieren und verschieben (II)

Los geht's! ▶ *Dateien und Ordner kopieren und verschieben (II)*

Wenn Sie nicht nur einzelne Dateien oder Ordner verschieben oder kopieren wollen, sondern gleich mehrere Objekte auf einmal, müssen Sie diese dazu zunächst markieren. Danach ist alles ganz einfach.

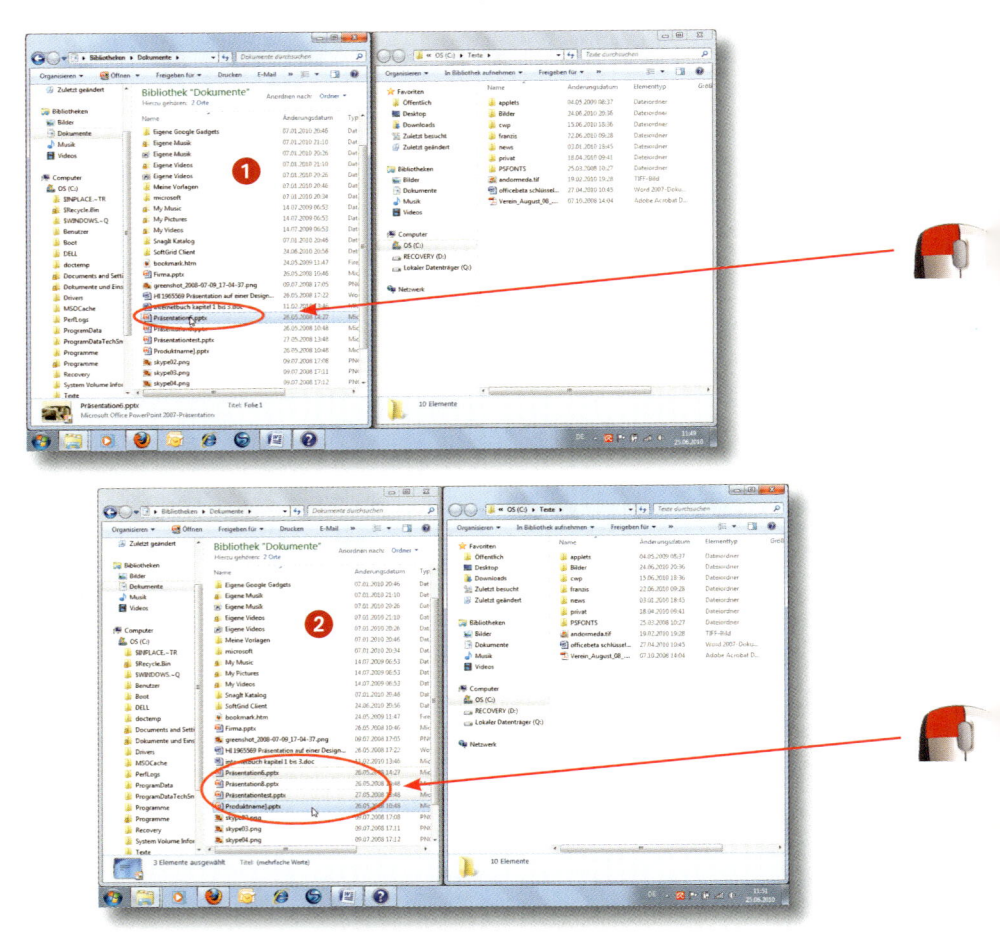

❶ Markieren Sie im Ursprungsordner durch einfaches Anklicken mit der Maus die erste Datei bzw. den ersten Ordner.

❷ Bevor Sie ein weiteres Objekt anklicken, drücken Sie die Strg-Taste. Solange Sie die Strg-Taste gedrückt halten, können Sie mehrere Elemente anklicken, ohne dass die zuvor erstellten Markierungen verloren gehen.

EINFACHER UMGANG MIT DATEIEN UND ORDNERN

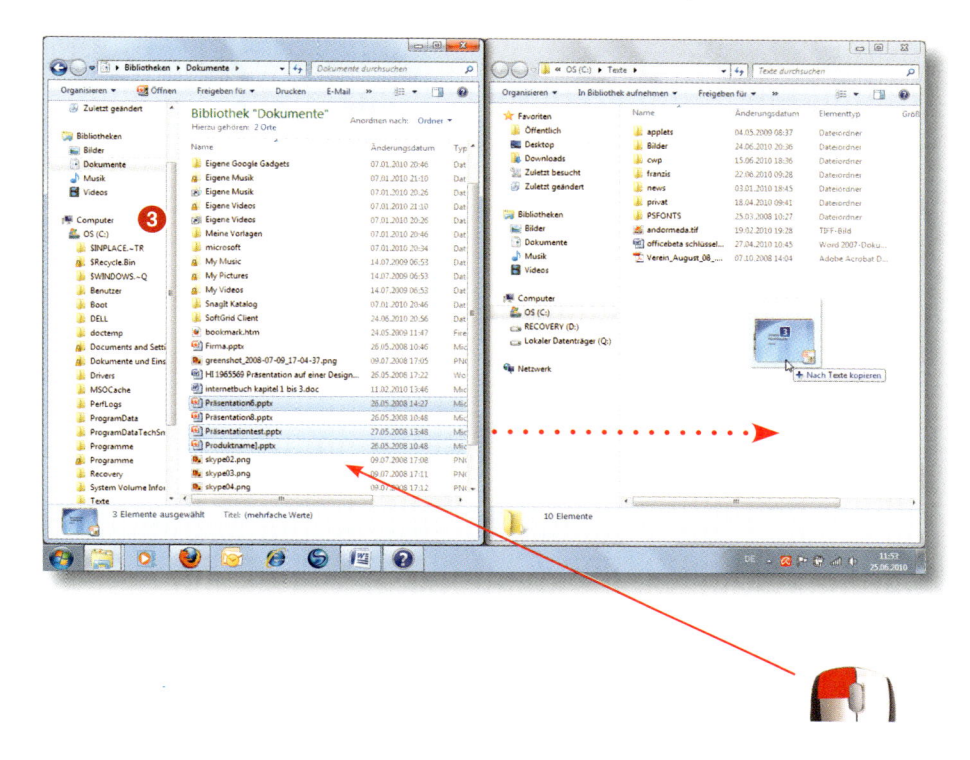

❸ Haben Sie alle Elemente markiert, lassen Sie die Strg-Taste los, führen den Mauszeiger auf eines der markierten Elemente und ziehen die Elemente dann mit gedrückt gehaltener linker Maustaste in den Zielordner. Windows zeigt Ihnen dabei ein Symbol mit der Anzahl der Elemente an.

❹ Sobald Sie die Taste loslassen, werden die Elemente kopiert bzw. verschoben.

FERTIG!

WISSENSWERTES

Liegen die Elemente direkt neben- bzw. hintereinander, können Sie sie als Block markieren. Dazu klicken Sie auf das erste (bzw. oberste) Element, halten die Umschalttaste gedrückt und klicken auf das letzte (bzw. unterste) Element.

Dateien und Ordner kopieren und verschieben (III)

Los geht's! ▶ *Dateien und Ordner kopieren und verschieben (III)*

Windows schlägt beim Arbeiten mit dem Explorer automatisch vor, ob die Elemente verschoben, also vom Ursprungsort entfernt und am Zielort neu angelegt werden, oder ob eine Kopie erstellt wird, also die Elemente auch am Ursprungsort erhalten bleiben. Bei Bedarf können Sie diese Vorgaben während des Vorgangs noch ändern.

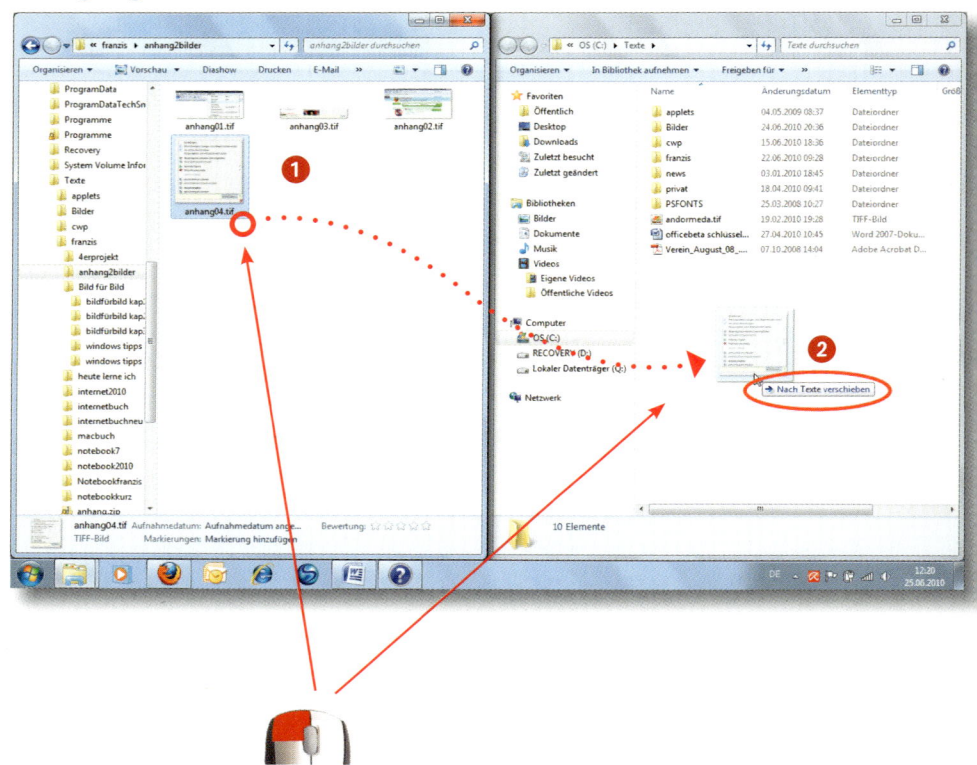

❶ Ziehen Sie ein Element wie eben beschrieben mit der Maus von einem Explorer-Fenster in ein anderes.

❷ Befinden sich Ursprungsort und Zielort im selben Laufwerk, geht Windows davon aus, dass Sie die Elemente verschieben wollen, und zeigt dies entsprechend an.

EINFACHER UMGANG MIT DATEIEN UND ORDNERN

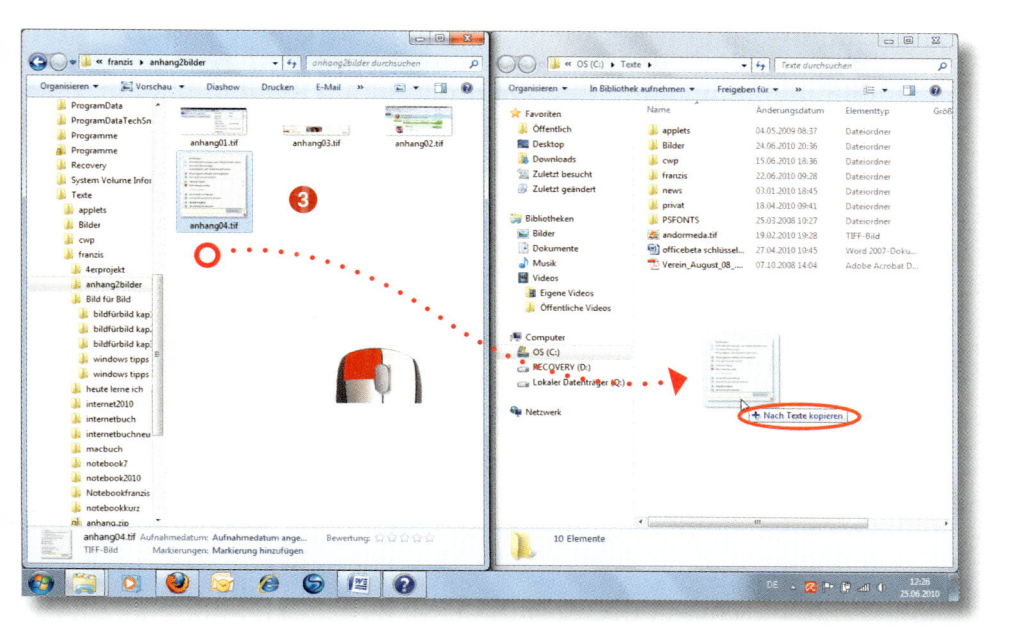

❸ Möchten Sie die Elemente aber nicht verschieben, sondern nur kopieren, drücken Sie, bevor Sie die Maustaste loslassen, die Umschalttaste. Lassen Sie Umschalttaste gedrückt, bis Sie die Maustaste losgelassen haben.

❹ Windows kopiert nun die Datei und zeigt dies auch durch eine entsprechende Änderung der Beschreibung an.

FERTIG!

WISSENSWERTES

Im umgekehrten Fall funktioniert dieses Vorgehen auch. Wollen Sie beispielsweise Bilder von einer Speicherkarte auf Ihren PC überspielen, wird Windows Ihnen zunächst vorschlagen, die Bilder zu kopieren, da Ursprungs- und Zielort auf unterschiedlichen Laufwerken sind. Drücken Sie zusätzlich die Umschalttaste, wird das Bild verschoben statt kopiert.

Mehrere Dateien gemeinsam umbenennen

Los geht's! ▶ *Mehrere Dateien gemeinsam umbenennen*

Dateien können Sie jederzeit einfach umbenennen, etwa um sie noch schneller und besser wiederzufinden. Wollen Sie eine größere Zahl von Dateien auf einen Schlag umbenennen, so lässt sich dies ebenfalls problemlos durchführen.

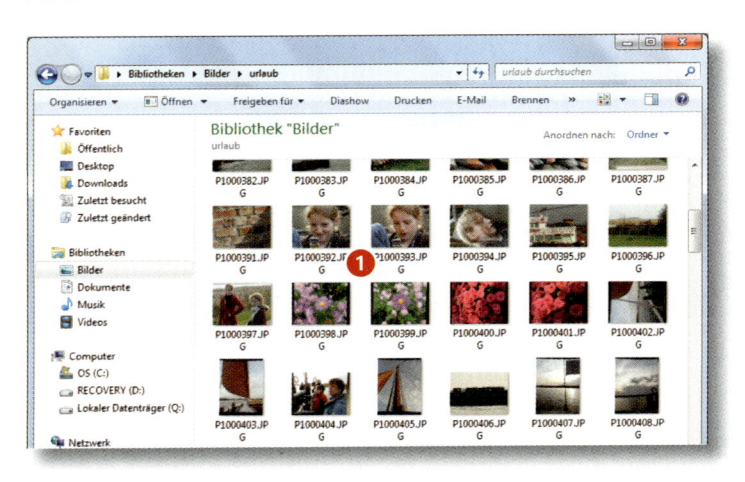

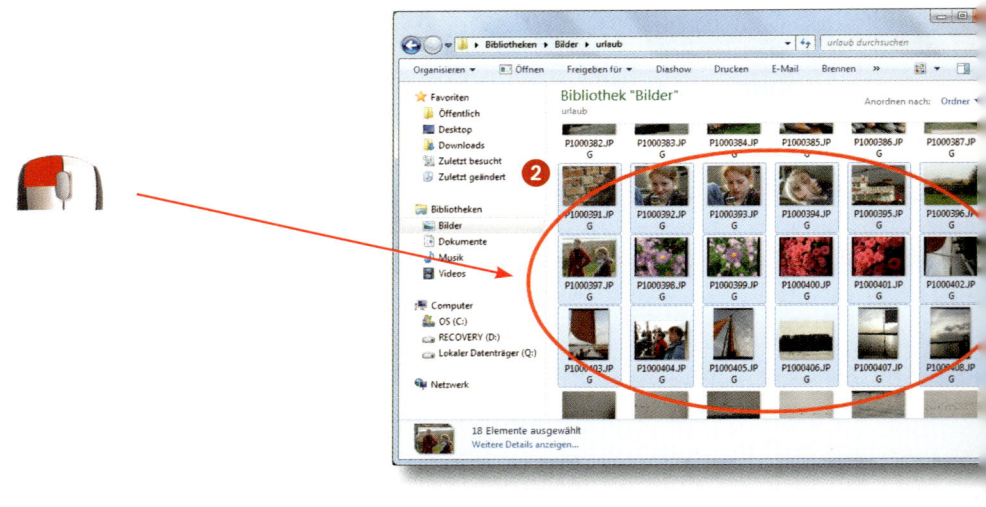

❶ Öffnen Sie im Windows-Explorer den Ordner, in dem sich die Dateien befinden.

❷ Markieren Sie alle Dateien, die Sie umbenennen möchten.

EINFACHER UMGANG MIT DATEIEN UND ORDNERN

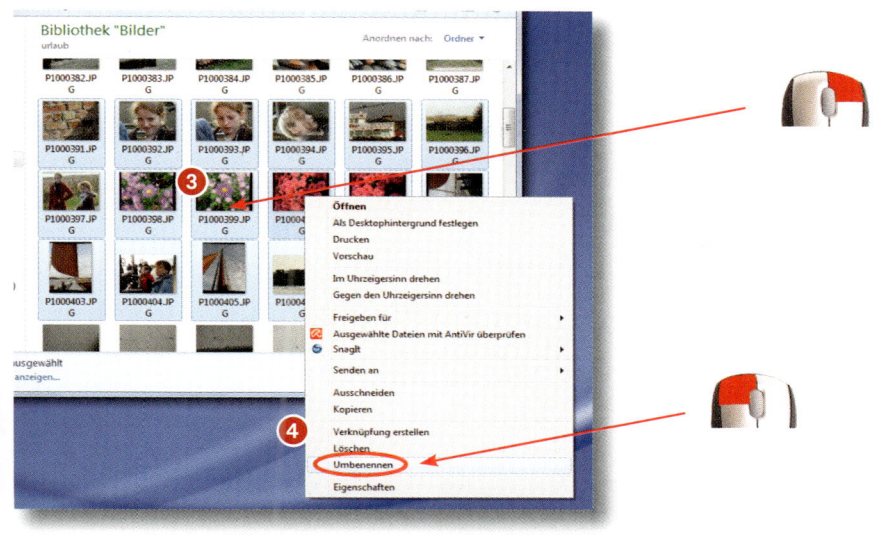

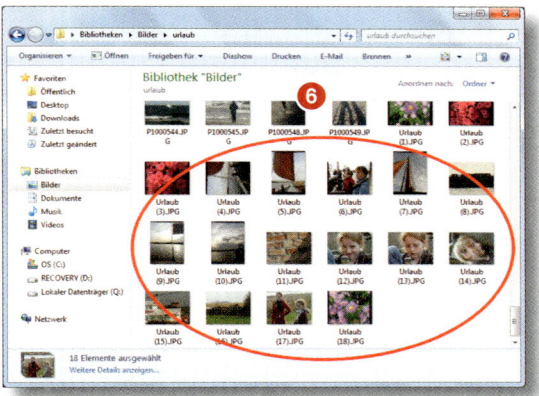

❸ Klicken Sie nun die erste (oder eine andere) Datei mit der rechten Maustaste an.

❹ Klicken Sie im Kontextmenü auf *Umbenennen*.

❺ Geben Sie den gewünschten Namen für die Dateien ein.

❻ Windows benennt nun die Dateien um, wobei jede Datei den eingegebenen Namen erhält, der um eine fortlaufende Nummer in Klammern ergänzt wird.

FERTIG!

Windows-Alltag

- ▶ USB-Speicher sicher entfernen _ _ _ _ _ _ _ _ _ _ _ _ _ _ _ _ 74
- ▶ Eine CD/DVD aus dem Windows-Explorer heraus brennen _ _ _ _ _ 76
- ▶ Eine Audio-CD aus dem Media Player heraus brennen _ _ _ _ _ _ 80
- ▶ Dateien und Ordner löschen _ _ _ _ _ _ _ _ _ _ _ _ _ _ _ _ 84
- ▶ Daten aus dem Papierkorb wiederherstellen _ _ _ _ _ _ _ _ _ _ 86
- ▶ Dateien und Ordner aus dem Papierkorb endgültig löschen _ _ _ _ 87
- ▶ Programme vom Rechner entfernen _ _ _ _ _ _ _ _ _ _ _ _ _ 88
- ▶ Regelmäßig genutzte Programme automatisch starten _ _ _ _ _ 90
- ▶ Abdunkeln und Abschalten des Bildschirms bei Notebooks verhindern 92
- ▶ CDs und DVDs automatisch abspielen _ _ _ _ _ _ _ _ _ _ _ _ 94
- ▶ Nicht mehr reagierende Programme beenden _ _ _ _ _ _ _ _ _ 96
- ▶ Einstellungsoptionen über die Suchfunktion finden _ _ _ _ _ _ _ 98

USB-Speicher sicher entfernen

Los geht's! ▶ *USB-Speicher sicher entfernen*

USB-Sticks werden als portable Speicher immer beliebter. Die Nutzung dieser schlanken Sticks ist ganz einfach möglich, allerdings sollten Sie beim Entfernen eines Sticks vom Rechner etwas vorsichtig sein, um mögliche Datenverluste zu verhindern.

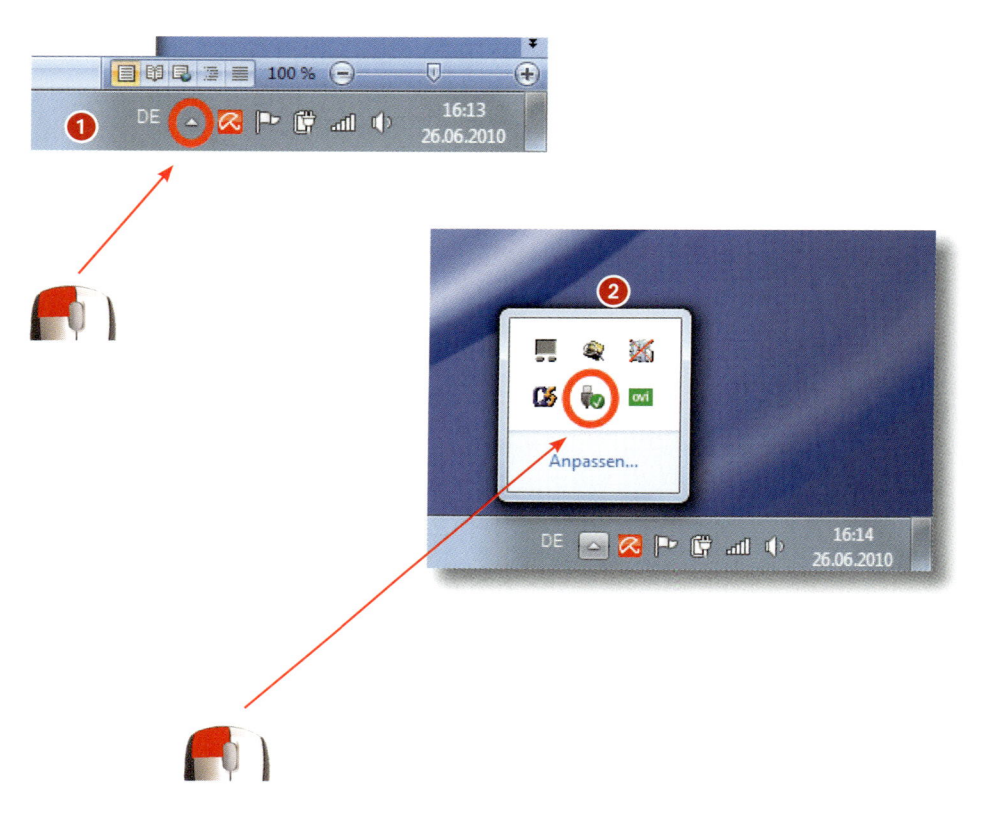

① Haben Sie einen USB-Speicherstick mit Ihrem PC verbunden, erscheint entweder direkt sichtbar im Infobereich der Taskleiste ein Symbol zum Entfernen der Hardware oder dieses Symbol wird im erweiterten Bereich des Infobereichs eingeblendet.

② Möchten Sie den USB-Stick wieder entfernen, klicken Sie dieses Symbol an. Falls es nicht direkt sichtbar ist, klicken Sie zunächst auf das kleine weiße Dreieck am linken Rand des Infobereichs, um die ausgeblendeten Symbole angezeigt zu bekommen.

WINDOWS-ALLTAG

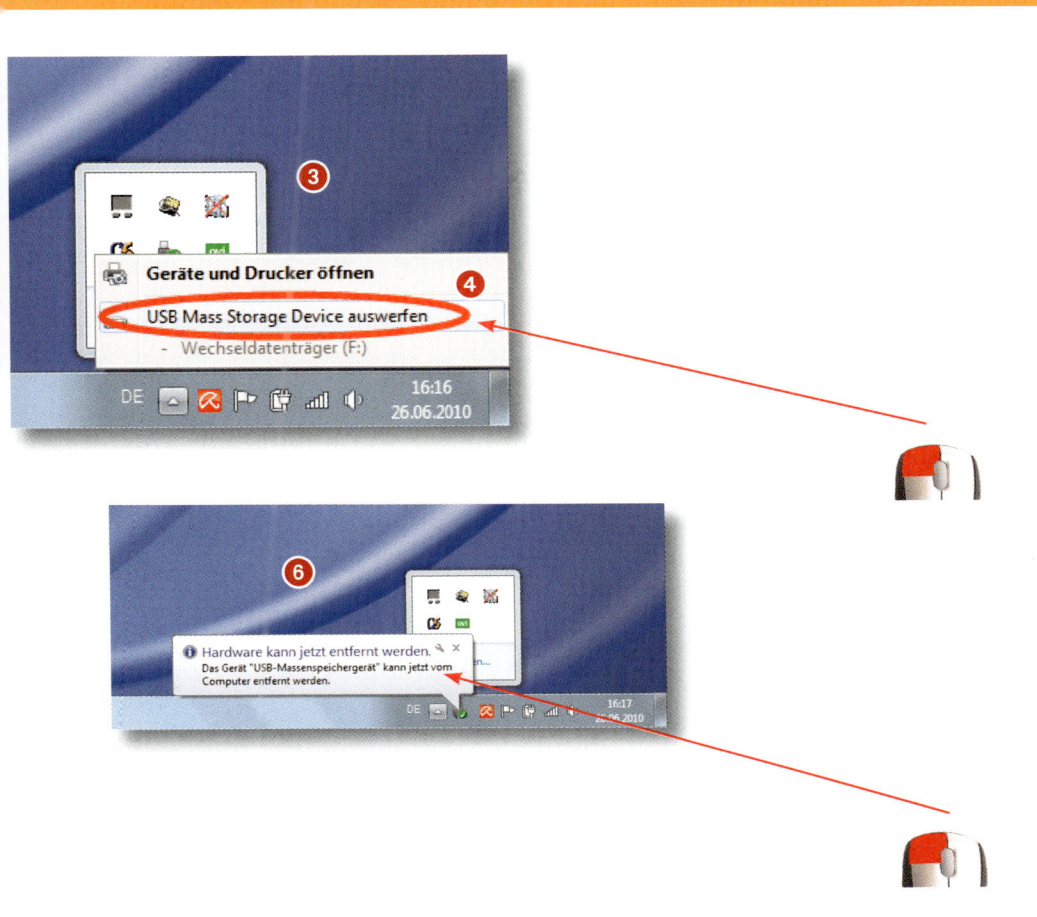

❸ Klicken Sie auf das Symbol zum Entfernen von Hardware (*Hardware sicher entfernen und Medium auswerfen*).

❹ Klicken Sie den Eintrag des USB-Speichers an.

❺ Es erscheint ein Hinweis, dass der Speicherstick nun entfernt werden kann.

FERTIG!

HINWEIS

Auch beim Entfernen externer USB-Festplatten und Speicherkarten sollten Sie auf diese Weise vorgehen. Die Geräte lassen sich nur entfernen, wenn nicht auf sie zugegriffen wird.

Los geht's! ▶ *Eine CD/DVD aus dem Windows-Explorer heraus brennen*

Mit Windows können Sie CDs bzw. DVDs brennen, sofern Ihr Rechner mit einem entsprechenden Brenner ausgestattet ist. Wollen Sie Daten wie z.B. Bilder, Texte oder PDF-Dateien auf eine CD oder DVD schreiben, geht dies am einfachsten über den Windows-Explorer.

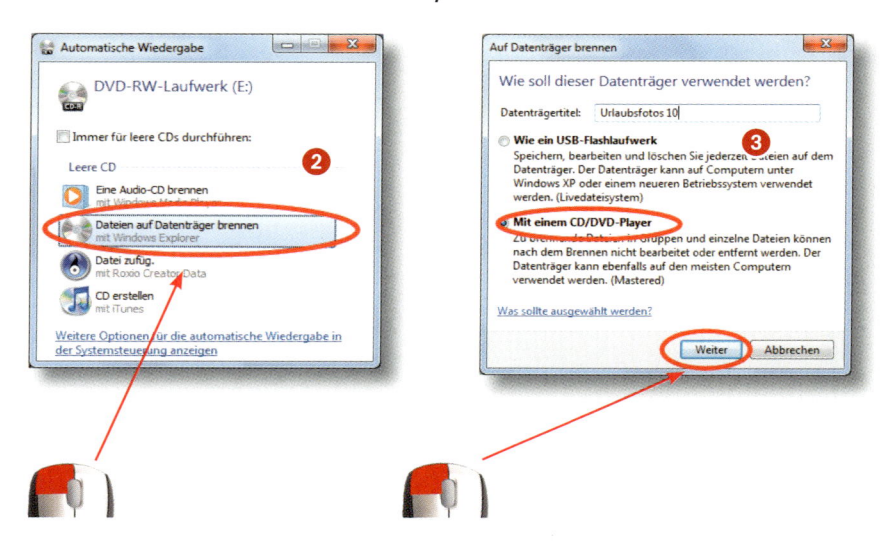

① Legen Sie den CD- bzw. DVD-Rohling in den Brenner Ihres Computers ein.

② Nach kurzer Zeit erscheint das Fenster *Automatische Wiedergabe*. Hier klicken Sie den Eintrag *Dateien auf Datenträger brennen mit Windows-Explorer* an.

③ Nun müssen Sie sich für die Formatierung des Datenträgers entscheiden. Sie können zum einen die CD/DVD ähnlich wie einen USB-Speicher verwenden und Dateien auf dem Datenträger auch wieder löschen oder später weitere Dateien hinzufügen (*Livedateisystem*). Die zweite Option ist statischer, hier können Dateien nach dem Brennen nicht mehr bearbeitet oder entfernt werden (*Mastered*). In unserem Beispiel entscheiden wir uns der Einfachheit halber für die *Mastered-Variante*. Wählen Sie eine Formatierungsoption und klicken Sie auf die *Weiter*-Schaltfläche.

WINDOWS-ALLTAG

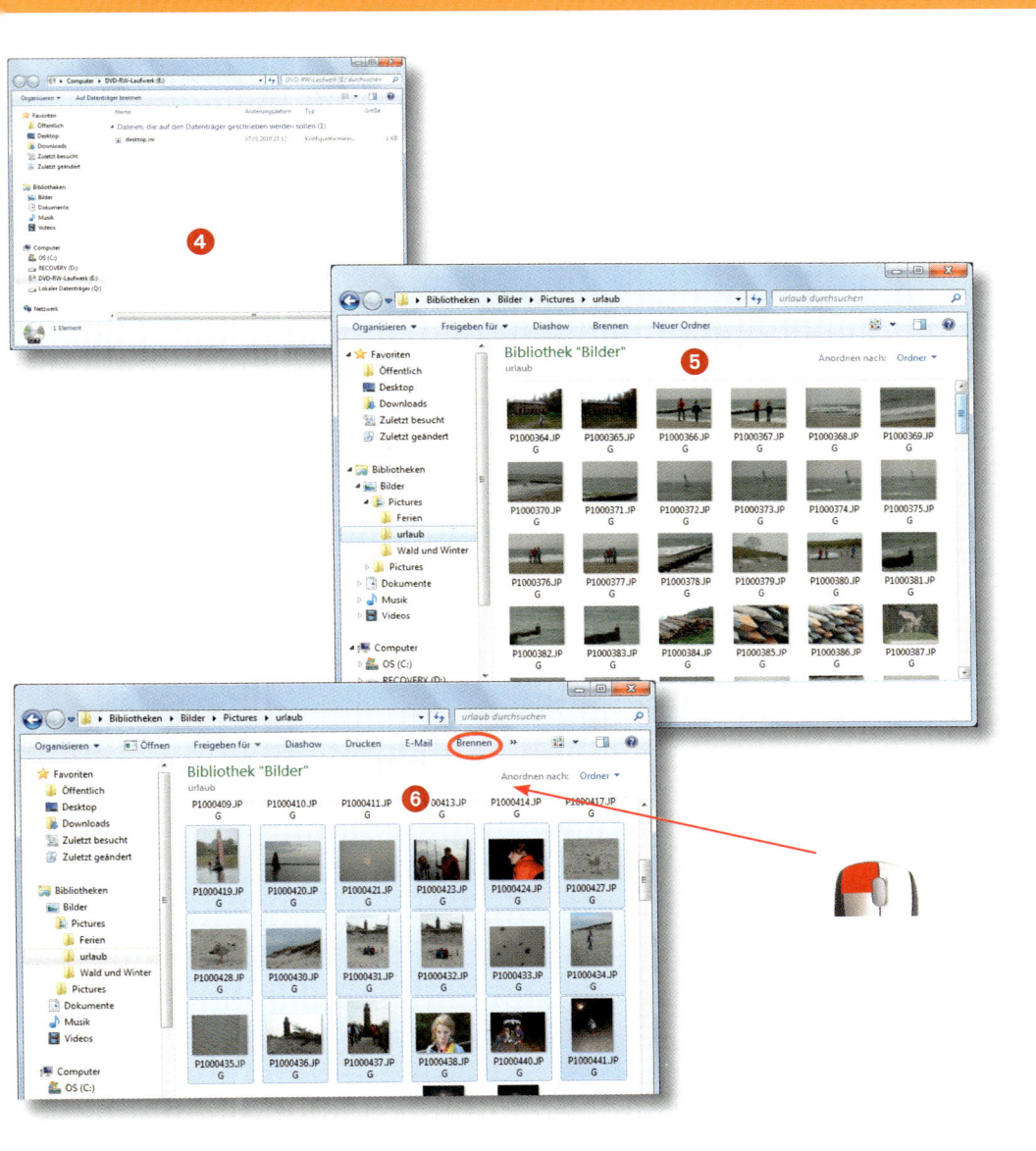

❹ Es öffnet sich ein Windows-Explorer-Fenster. Navigieren Sie im linken Bereich zu dem Ordner, in dem sich die Dateien befinden, die Sie auf die CD oder DVD brennen möchten.

❺ Markieren Sie die gewünschten Dateien.

❻ Klicken Sie auf *Brennen*.

Eine CD/DVD aus dem Windows-Explorer heraus brennen

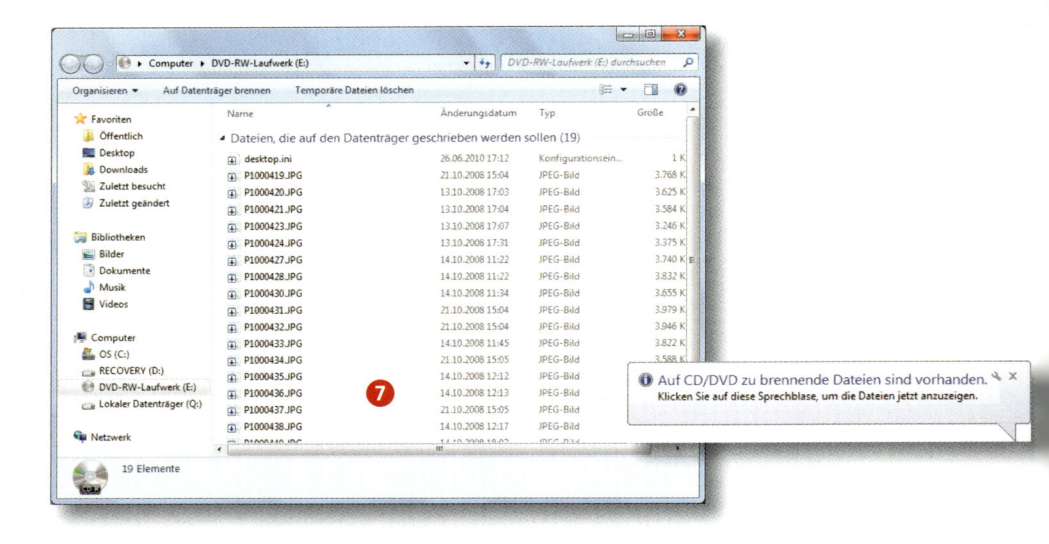

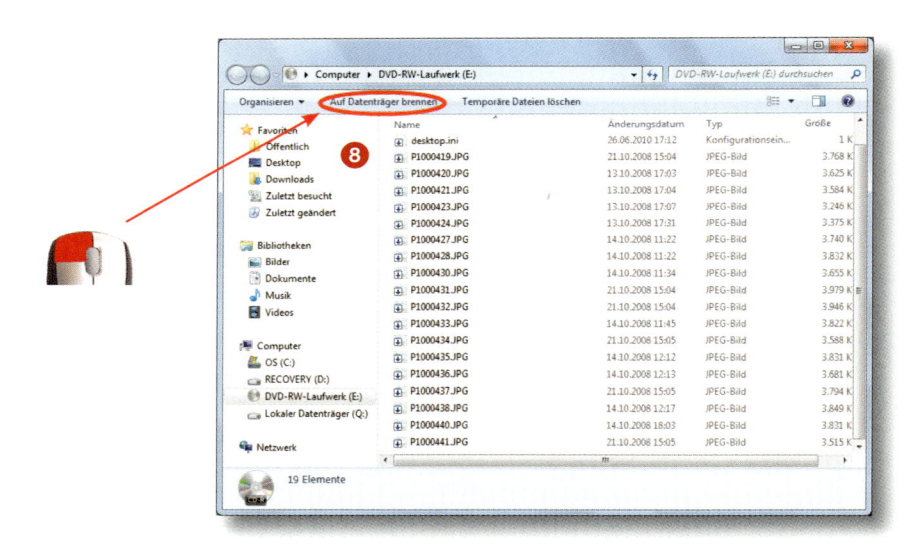

❼ Die Dateien werden nun zunächst in einen Zwischenspeicher geschrieben, um dann auf den Datenträger kopiert zu werden. Falls Sie noch Dateien aus anderen Ordnern brennen wollen, können Sie sie nun auf diese Weise aussuchen.

❽ Klicken Sie im Explorer-Fenster auf *Auf Datenträger brennen*.

WINDOWS-ALLTAG

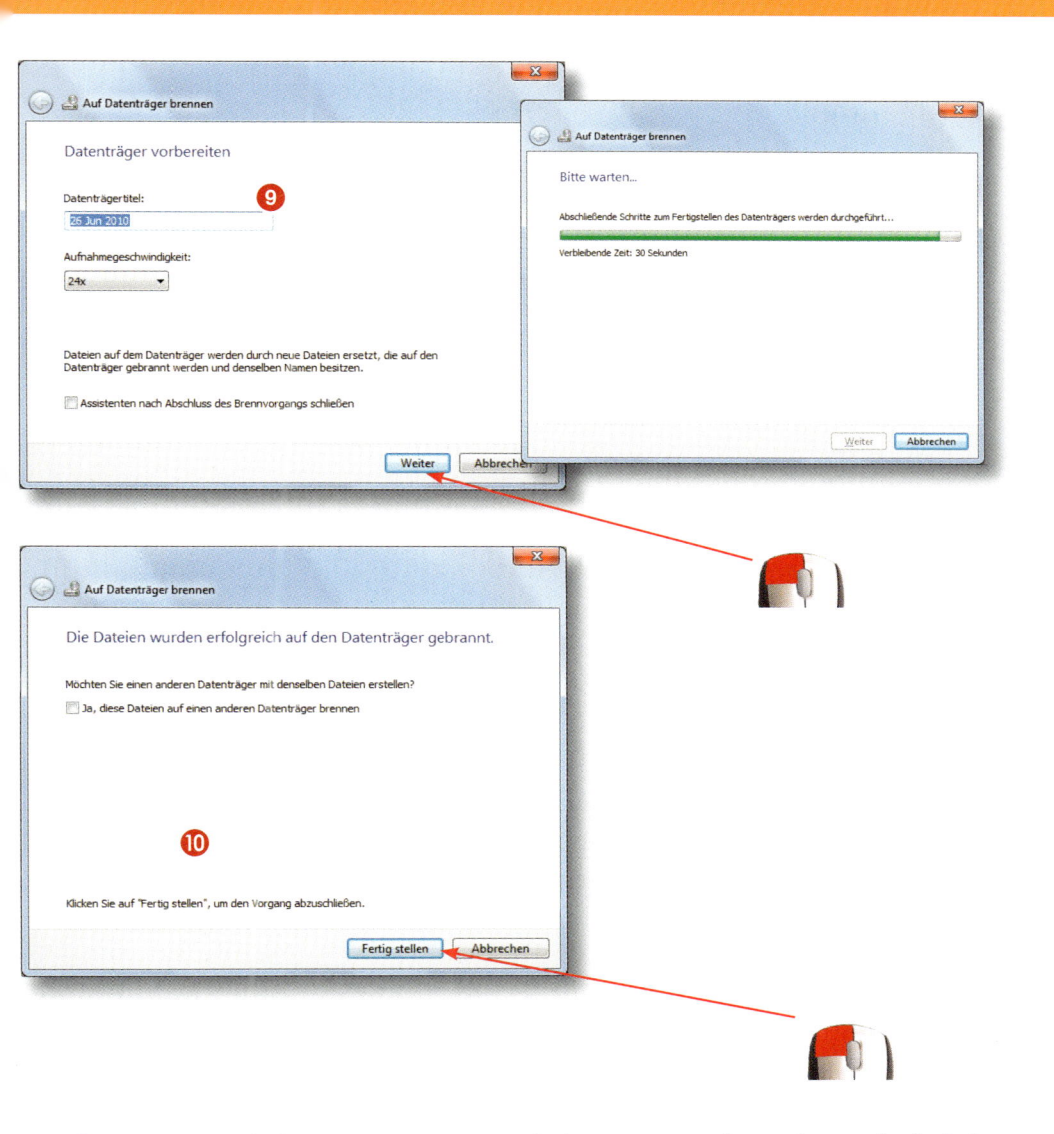

❾ Der eigentliche Brennvorgang wird gestartet, ein Assistent ist bei der Durchführung behilflich. Bestätigen Sie die Abfragen durch *Weiter* und die CD/DVD wird fertiggestellt.

❿ Am Ende des Prozesses werden Sie gefragt, ob Sie eine weitere CD/DVD mit denselben Daten anfertigen möchten. Ist dies nicht der Fall, klicken Sie diese Option nicht an. Über die Schaltfläche *Fertig stellen* beenden Sie den Brennvorgang.

FERTIG!

Eine Audio-CD aus dem Media Player heraus brennen

Los geht's! ▶ *Eine Audio-CD aus dem Media Player heraus brennen*

Sie möchten von der auf Ihrem Rechner gespeicherten Musik (z. B. MP3-Downloads aus dem Internet) eine konventionelle Audio-CD erstellen, die auch auf herkömmlichen CD-Playern abgespielt werden kann. Mit dem Windows Media Player ist dies einfach möglich.

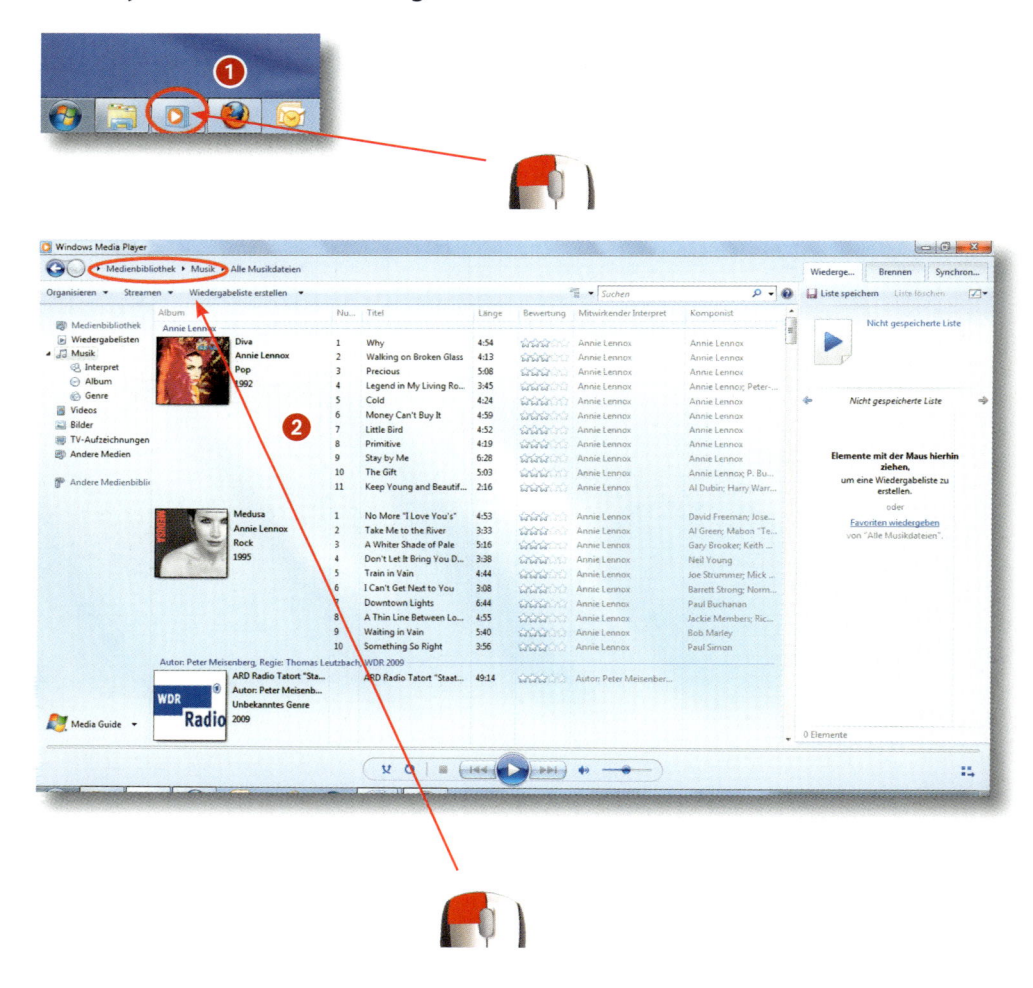

① Starten Sie den Windows Media Player über das Taskleistensymbol.

② Wechseln Sie in die Medienbibliothek und dort in die Musik-Bibliothek.

WINDOWS-ALLTAG

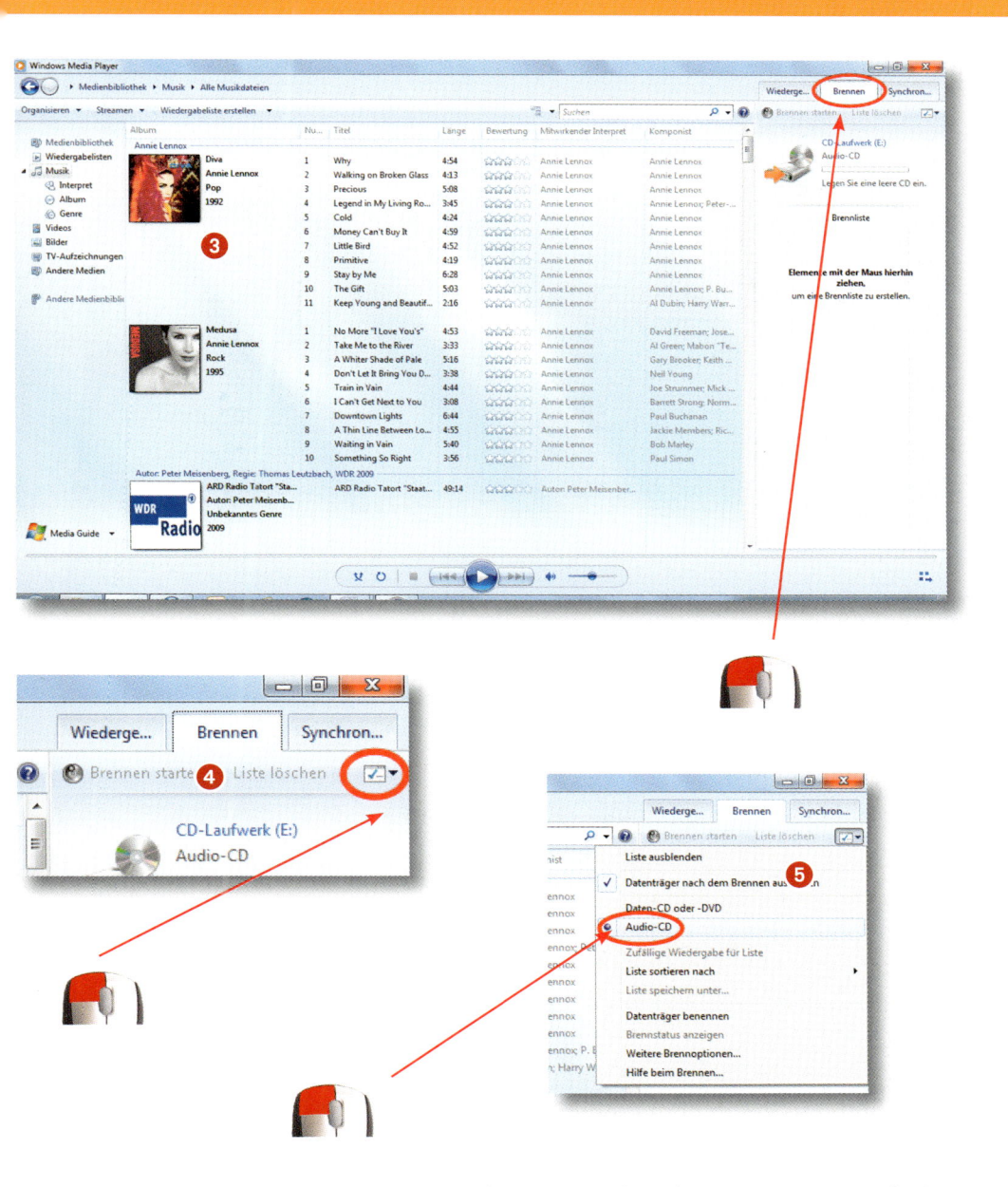

❸ Klicken Sie im rechten Bereich des Media-Player-Fensters auf die Schaltfläche *Brennen*.

❹ Klicken Sie auf die Schaltfläche *Brennoptionen*.

❺ Klicken Sie auf den Eintrag *Audio-CD*.

Eine Audio-CD aus dem Media Player heraus brennen

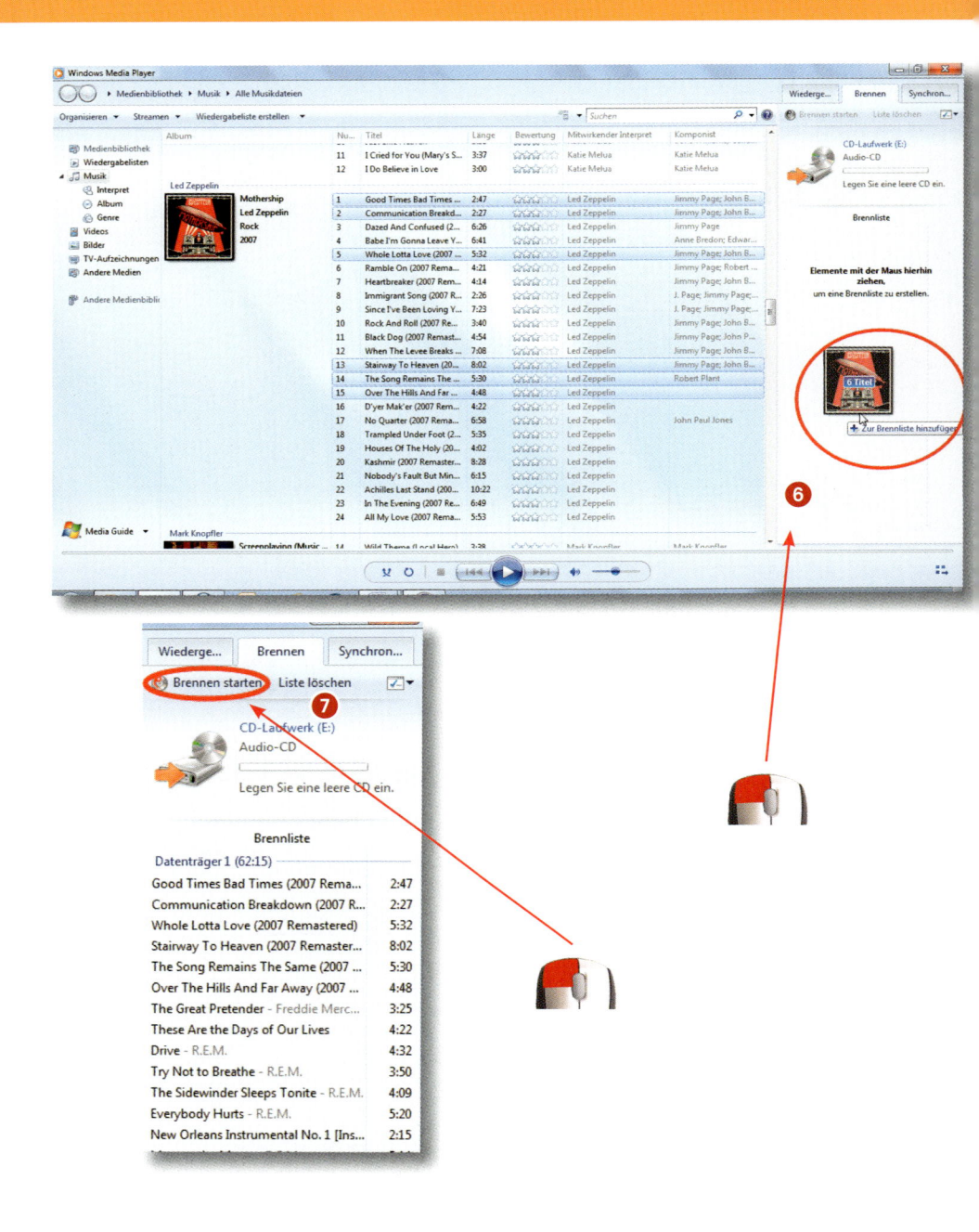

6 Markieren Sie die Musikstücke Ihrer Musik-Bibliothek, die Sie auf die CD kopieren möchten, und ziehen Sie sie mit gedrückt gehaltener Maustaste nach rechts in den Bereich *Brennliste*.

7 Haben Sie alle Stücke zusammen, klicken Sie auf *Brennen starten*.

WINDOWS-ALLTAG

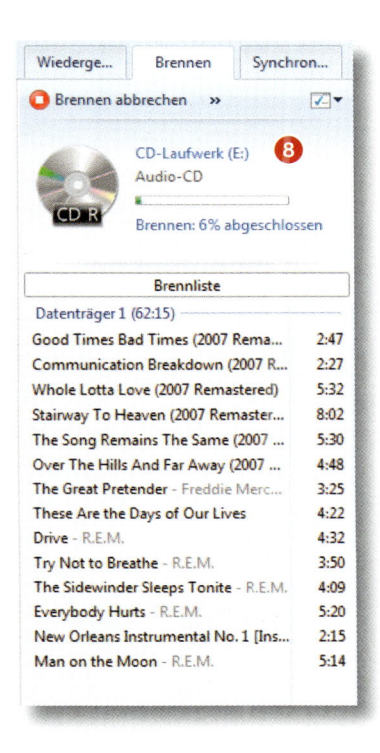

❽ Der Brennvorgang startet und Sie können den Fortschritt des Vorgangs verfolgen.

❾ Nach dem Beenden des Brennvorgangs wird die CD automatisch ausgeworfen.

FERTIG!

HINWEIS

Wollen Sie keine konventionelle Audio-CD, sondern eine CD bzw. DVD mit Musikstücken im MP3-Format erstellen, benutzen Sie den Windows-Explorer für Daten-CDs bzw. Daten-DVDs.

Dateien und Ordner löschen

Los geht's! ▶ *Dateien und Ordner löschen*

Die meisten Dateien und Ordner können Sie problemlos löschen, wenn Sie sie nicht mehr benötigen. Der Löschvorgang führt bei Windows über den Papierkorb, sodass die Daten nicht gleich völlig vom Rechner verschwunden sind.

❶ Wollen Sie eine Datei, einen Ordner oder eine Verknüpfung löschen, klicken Sie dieses Element mit der rechten Maustaste an.

WINDOWS-ALLTAG

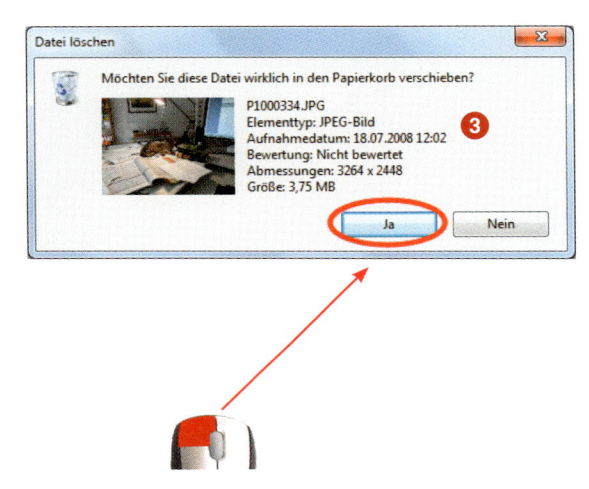

❷ Wählen Sie die Kontextmenüoption *Löschen*.

❸ Bestätigen Sie die Sicherheitsabfrage mit einem Klick auf die *Ja*-Schaltfläche.

❹ Das Element wird in den Papierkorb verschoben und verschwindet vom ursprünglichen Speicherort.

FERTIG!

HINWEIS

Windows bietet natürlich auch hier das komfortable Löschen mehrerer Dateien oder Ordner auf einmal an.

85

Daten aus dem Papierkorb wiederherstellen

Los geht's! ▶ *Daten aus dem Papierkorb wiederherstellen*

Haben Sie Daten gelöscht, die Sie zu einem späteren Zeitpunkt doch noch einmal benötigen, bietet Ihnen der Papierkorb Gelegenheit, diese Daten wiederherzustellen.

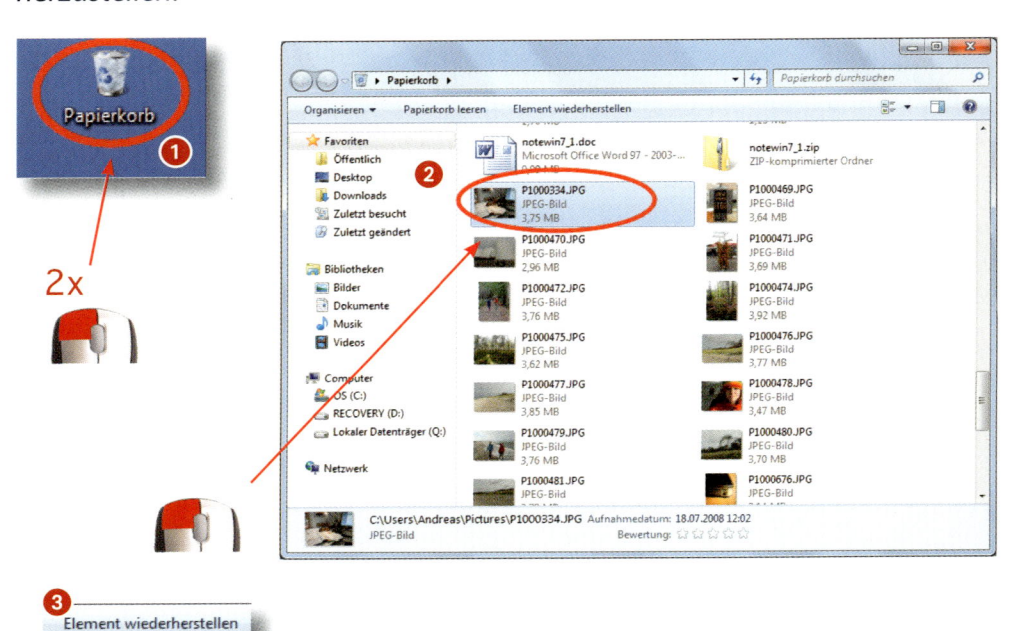

❶ Öffnen Sie den Papierkorb, indem Sie doppelt auf das Papierkorb-Symbol klicken, das sich auf Ihrem Desktop befindet.

❷ Suchen Sie in der Liste der im Papierkorb enthaltenen Dateien und Ordner das Element, das Sie wiederherstellen möchten, und klicken Sie es an, um es zu markieren.

❸ Klicken Sie auf *Element wiederherstellen*.

❹ Die Datei oder der Ordner wird nun an seinem ursprünglichen Speicherort wiederhergestellt.

FERTIG!

WINDOWS-ALLTAG

Los geht's! ▶ *Dateien und Ordner aus dem Papierkorb endgültig löschen*

Möchten Sie die Elemente, die Sie gelöscht, also in den Papierkorb verschoben haben, tatsächlich vom Rechner entfernen, müssen Sie sie in einem zweiten Schritt endgültig aus dem Papierkorb entfernen.

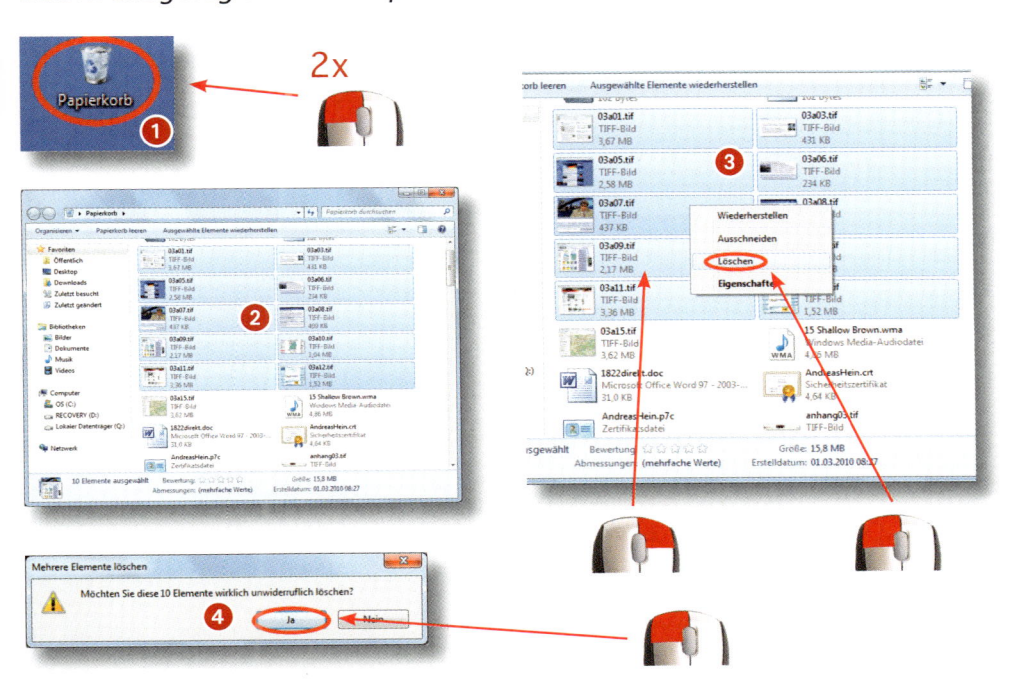

❶ Öffnen Sie den Papierkorb mit einem Doppelklick auf die Desktop-Verknüpfung.

❷ Suchen Sie das Element, das Sie endgültig entfernen möchten, und markieren Sie es. Sie können natürlich auch wieder mehrere Elemente auswählen.

❸ Klicken Sie das Element mit der rechten Maustaste an und wählen Sie die Kontextmenüoption *Löschen*.

❹ Bestätigen Sie die Sicherheitsabfrage mit einem Klick auf die *Ja*-Schaltfläche.

FERTIG!

Programme vom Rechner entfernen

Los geht's! ▶ *Programme vom Rechner entfernen*

Das Löschen von kompletten Programmen lässt sich nicht einfach dadurch bewerkstelligen, dass Sie von Hand einige Dateien löschen. Um eine Software weitgehend rückstandsfrei zu entsorgen, bietet Windows eine Option in der Systemsteuerung an.

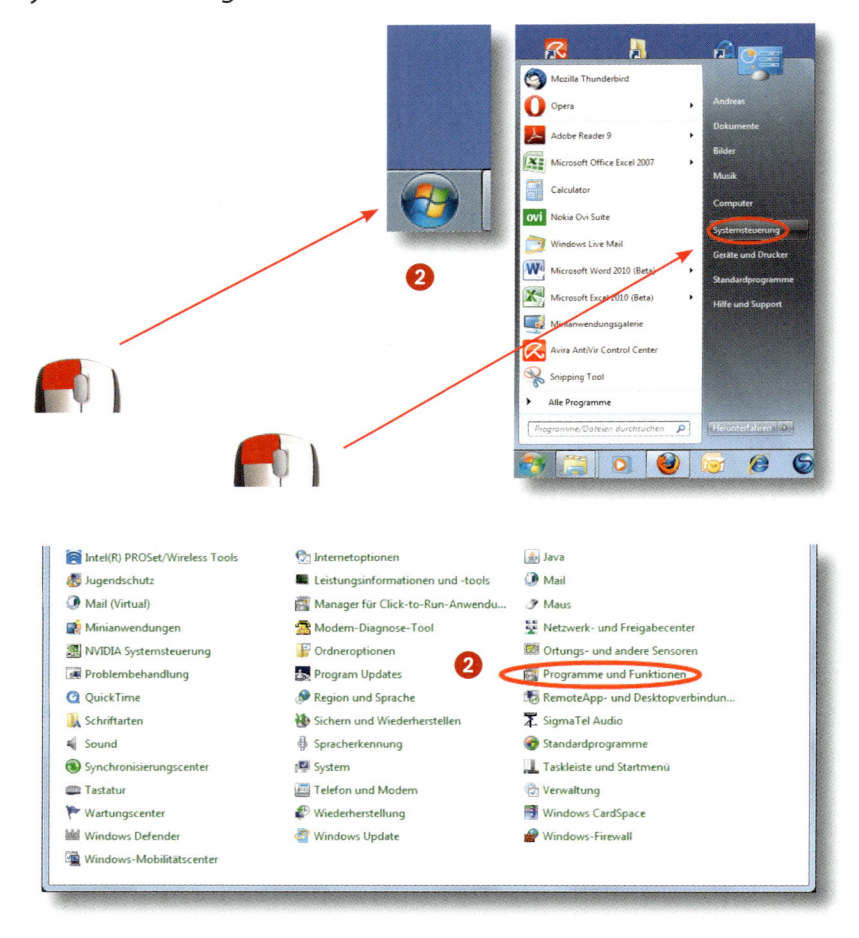

❶ Klicken Sie auf die Windows-Startschaltfläche und öffnen Sie die Systemsteuerung.

❷ Klicken Sie in der Systemsteuerung (Symbolansicht) auf den Eintrag *Programme und Funktionen*.

WINDOWS-ALLTAG

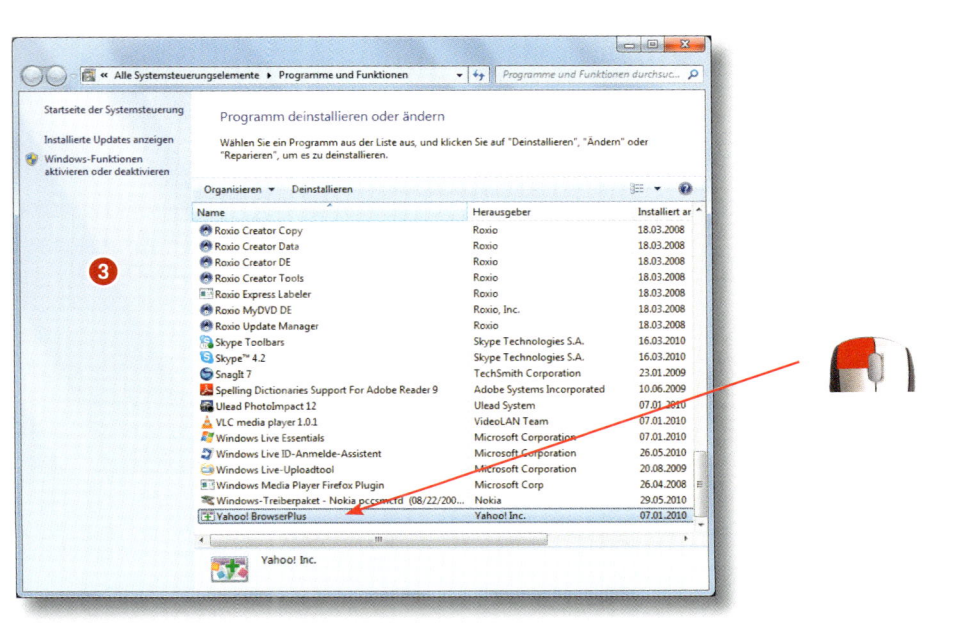

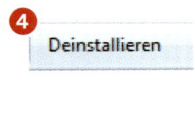

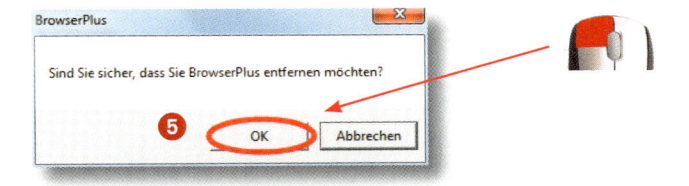

❸ Wählen Sie das Programm aus, das Sie vom Rechner entfernen möchten.

❹ Klicken Sie auf *Deinstallieren*.

❺ Bestätigen Sie die Nachfrage, ob Sie das Programm tatsächlich entfernen möchten, mit einem Klick auf die *OK*-Schaltfläche.

FERTIG!

HINWEIS

Je nachdem, mit welchen Benutzerrechten Sie am Rechner arbeiten, kann es sein, dass Sie aufgefordert werden, ein Administratorkennwort bzw. eine Bestätigung einzugeben.

Regelmäßig genutzte Programme automatisch starten

Los geht's! ▶ *Regelmäßig genutzte Programme automatisch starten*

Sie nutzen Ihren PC vorrangig für immer dieselben Aufgaben, etwa das Surfen im Internet, und sind es daher leid, jedes Mal Programme wie den Webbrowser oder das E-Mail-Programm von Hand zu starten? Mit ein paar Mausklicks automatisieren Sie diese Programmstarts.

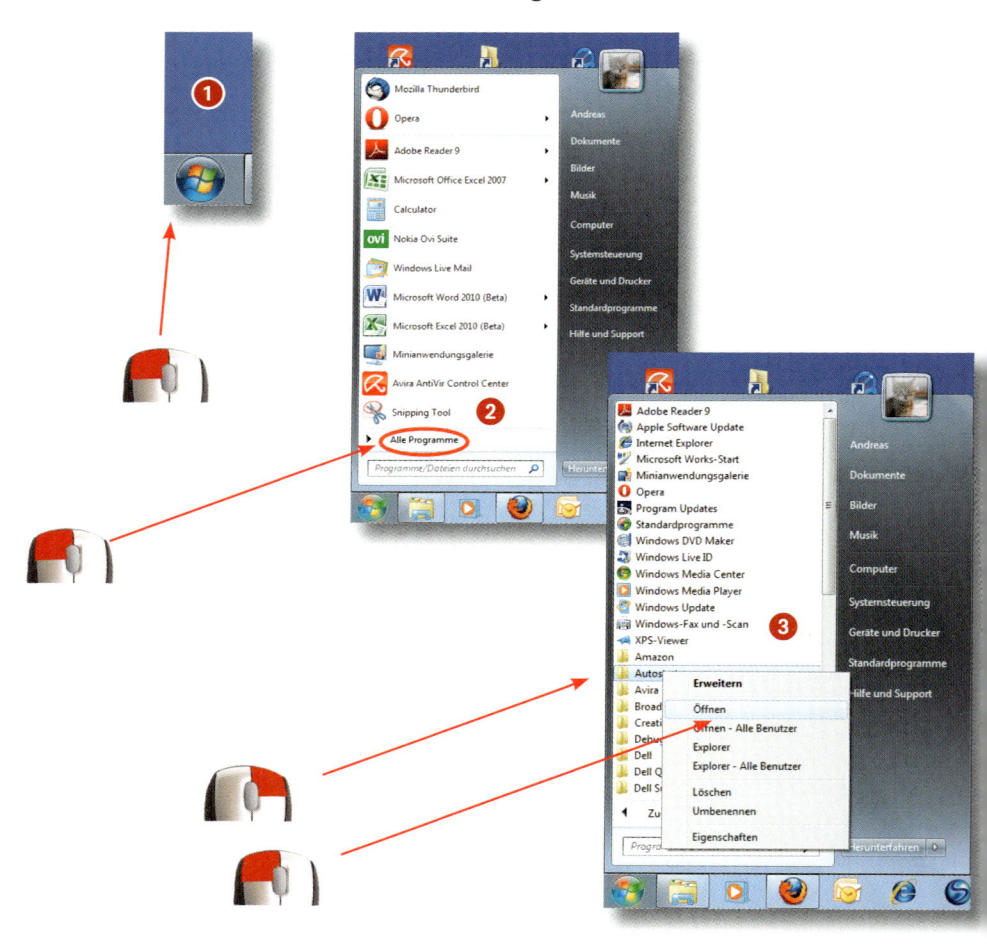

① Klicken Sie auf die Windows-Startschaltfläche.

② Klicken Sie auf *Alle Programme*.

③ Klicken Sie mit der rechten Maustaste auf den Ordner *Autostart* und dann auf *Öffnen*.

WINDOWS-ALLTAG

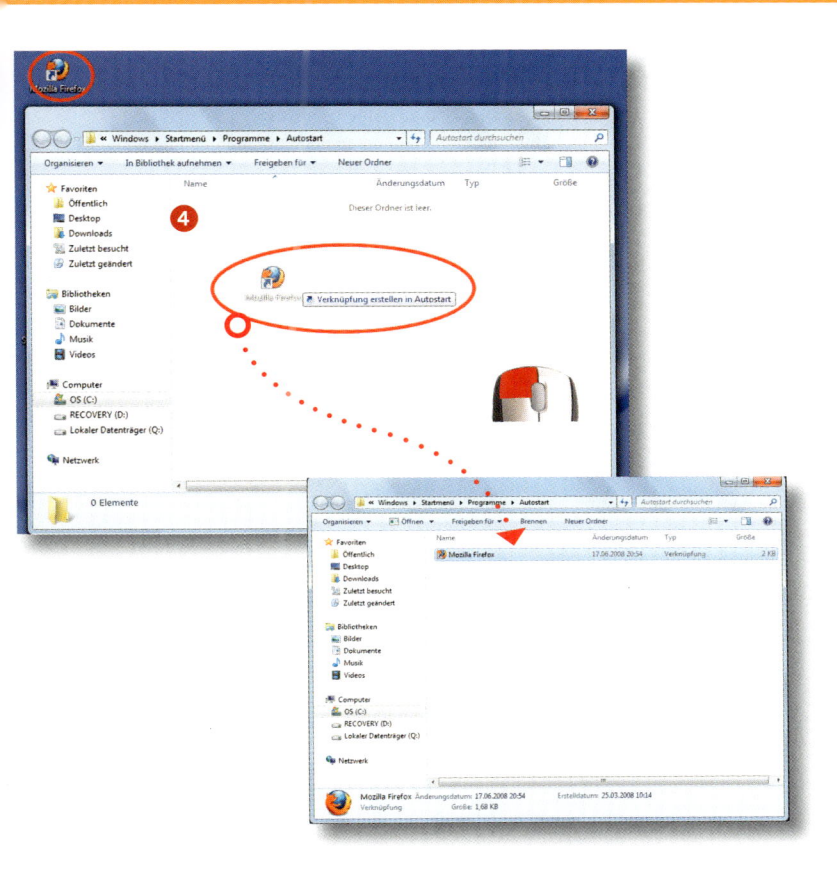

4 Ist für das gewünschte Programm bereits eine Verknüpfung auf dem Desktop vorhanden, ziehen Sie diese mit der Maus einfach in das Fenster des Autostart-Ordners. Halten Sie dabei die Taste *Strg* gedrückt, um diese Verknüpfung zu kopieren und das Original auf dem Desktop zu belassen.

FERTIG!

HINWEIS

Ist noch keine Verknüpfung für das gewünschte Programm vorhanden, suchen Sie den Speicherort der Programmdatei. Haben Sie die gewünschte Programm-Datei gefunden, klicken Sie den Eintrag mit der rechten (!) Maustaste an und klicken Sie auf *Verknüpfung erstellen*. Ziehen Sie die so neu angelegte Desktop-Verknüpfung nun wie oben beschrieben in den Ordner *Autostart*.

Abdunkeln und Abschalten des Bildschirms bei Notebooks verhindern

Los geht's! ▶ *Abdunkeln und Abschalten des Bildschirms bei Notebooks verhindern*

Beim Anschauen einer DVD oder eines längeren Internet-Videos auf einem Notebook wird Ihr Bildschirm möglicherweise wegen entsprechender Energiespareinstellungen nach einiger Zeit abgedunkelt oder ganz schwarz. Mit einer einfachen Einstellung können Sie den Film ungestört genießen, ohne die grundsätzlichen Energiesparoptionen zu verändern.

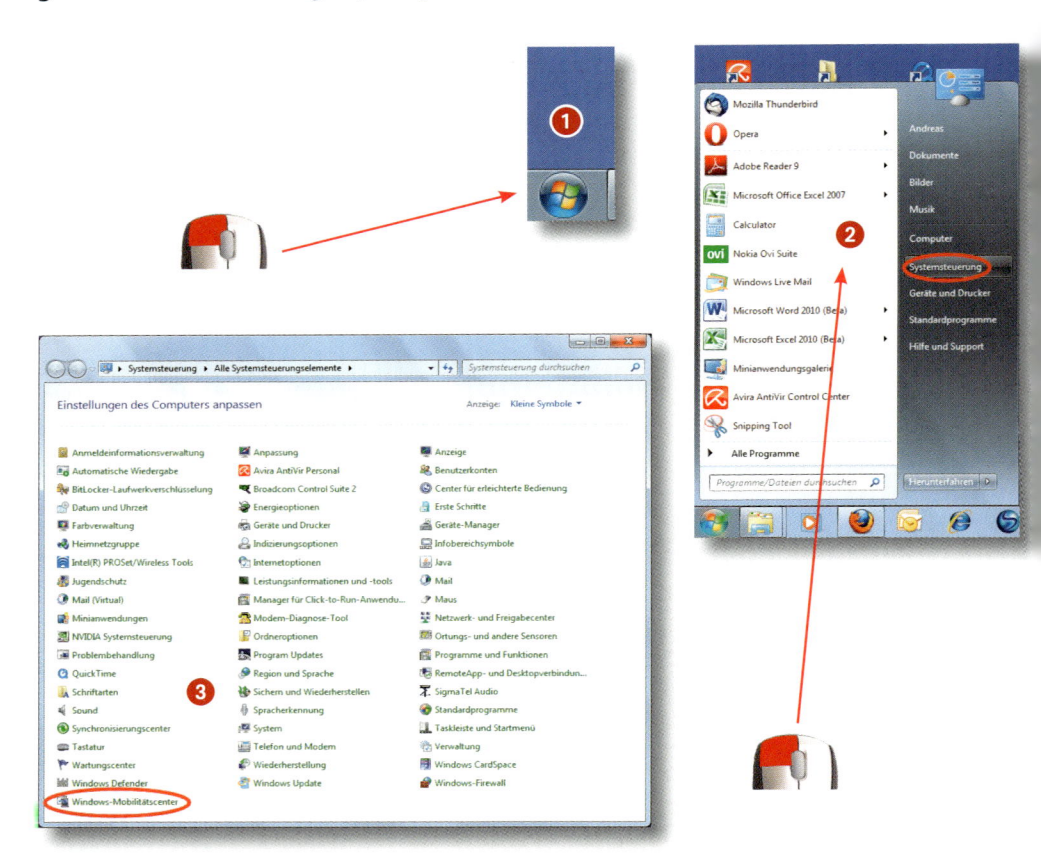

❶ Klicken Sie auf die Windows-Startschaltfläche.

❷ Klicken Sie auf den Eintrag *Systemsteuerung*.

❸ In der Systemsteuerung (Symbolansicht) klicken Sie auf den Eintrag *Windows-Mobilitätscenter*.

WINDOWS-ALLTAG

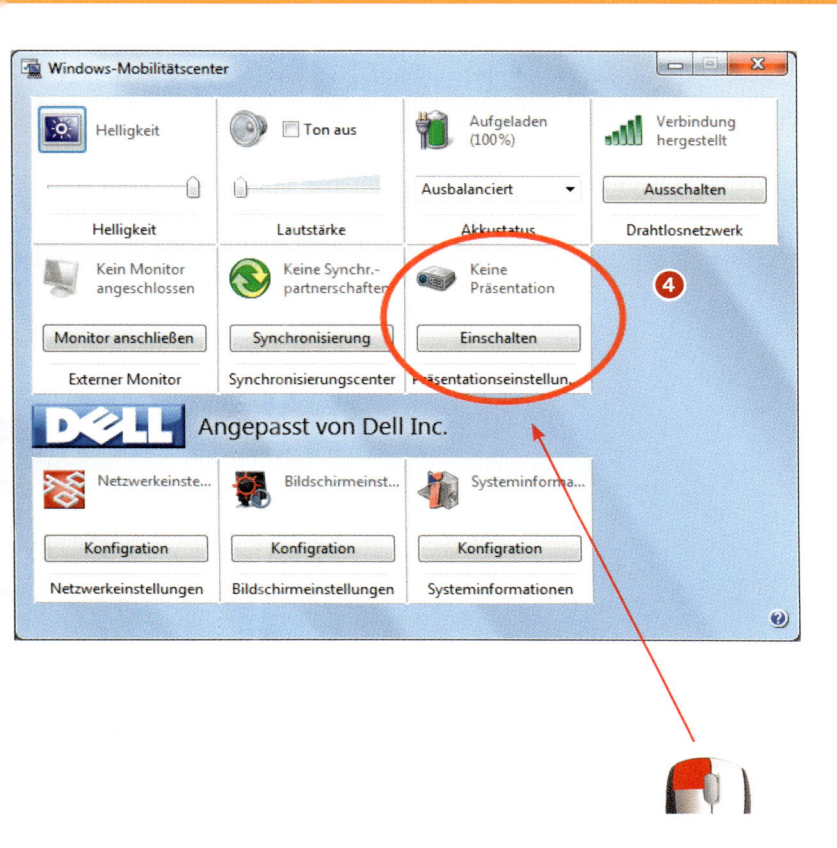

④ Klicken Sie im Mobilitätscenter im Feld *Präsentationseinstellungen* auf den Eintrag *Einschalten*.

FERTIG!

HINWEIS

Das Windows-Mobilitätscenter finden Sie nur auf Notebook-Installationen von Windows, auf Desktop-Rechnern ist diese Option nicht zu finden. Sie sollten den Präsentationsmodus anschließend auch wieder deaktivieren, um die Energiesparfunktionen der Grundeistellung wieder in Kraft zu setzen.

CDs und DVDs automatisch abspielen

Los geht's! ▶ *CDs und DVDs automatisch abspielen*

Sie nutzen Ihren PC auch als CD- und DVD-Player und möchten, dass die CDs und DVDs gleich nach dem Einlegen automatisch abgespielt werden, ohne dass Sie ein Abspielprogramm aussuchen bzw. starten müssen? Kein Problem!

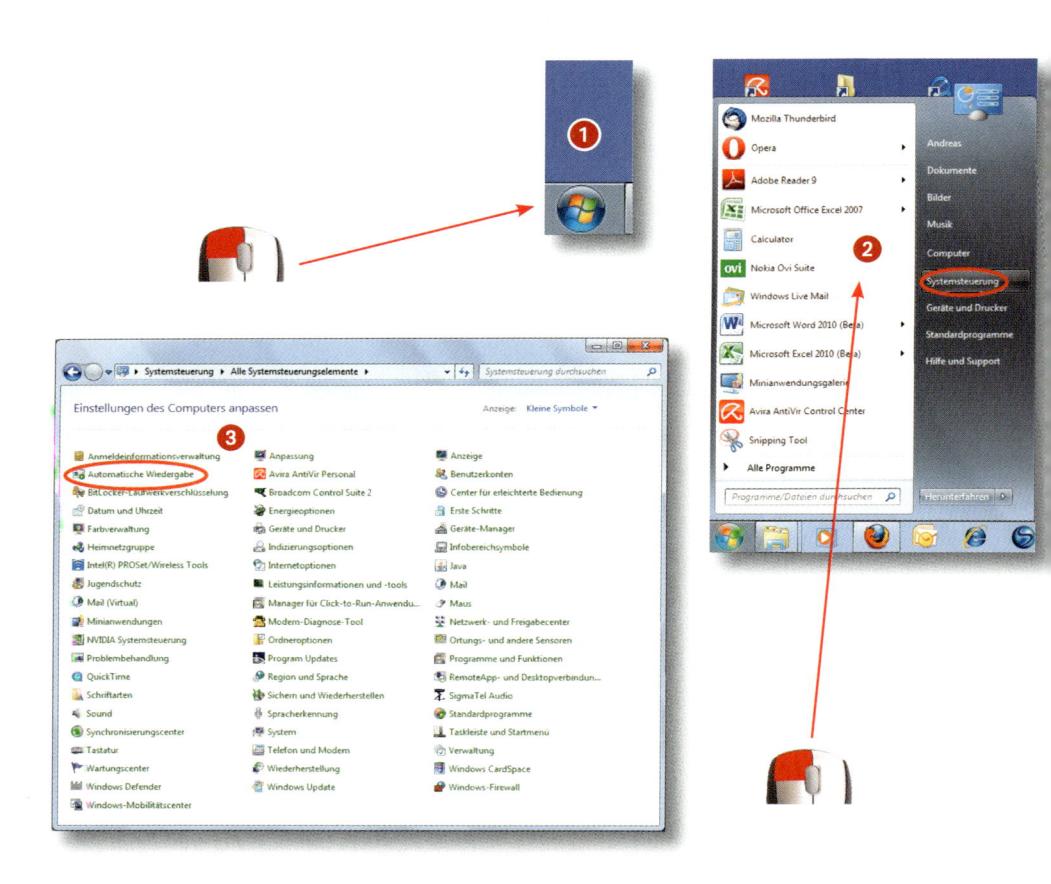

❶ Klicken Sie auf die Windows-Startschaltfläche.

❷ Klicken Sie auf *Systemsteuerung*.

❸ Klicken Sie auf *Automatische Wiedergabe*.

WINDOWS-ALLTAG

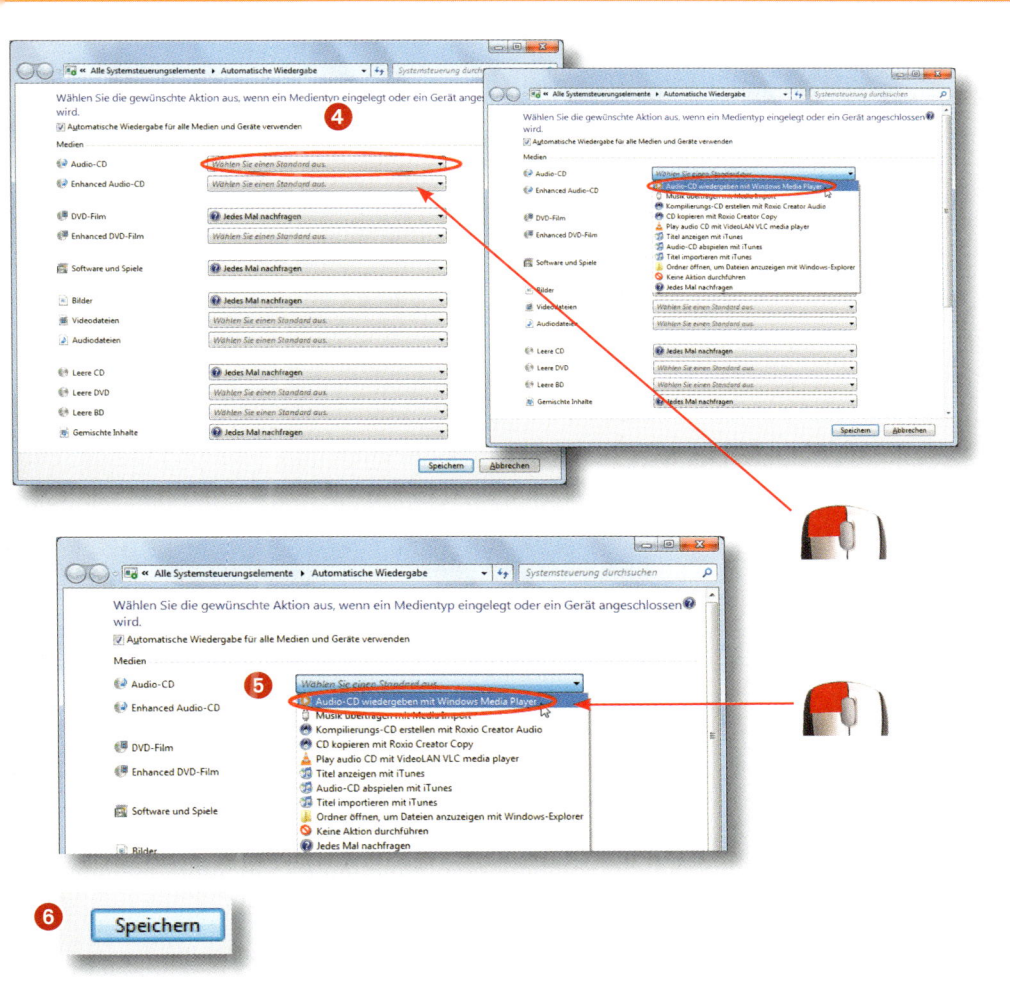

④ Klicken Sie auf das Eingabefeld hinter Audio-CD (*Wählen Sie einen Standard aus*) und lassen Sie sich die vorhandenen Abspielprogramme und Optionen anzeigen.

⑤ Wählen Sie die gewünschte Abspieloption (z.B. *Audio-CD wiedergeben mit Windows Media Player*). Verfahren Sie entsprechend für die anderen Medientypen wie z. B. DVD-Film oder Enhanced DVD-Film.

⑥ Klicken Sie abschließend auf die *Speichern*-Schaltfläche.

FERTIG!

Nicht mehr reagierende Programme beenden

Los geht's! ▶ *Nicht mehr reagierende Programme beenden*

Programmabstürze unter Windows kommen zum Glück nicht mehr so oft vor, dennoch kann es hin und wieder passieren, dass eine Anwendung unvermittelt streikt und nicht mehr reagiert. Mit dem Task-Manager ist das Abschalten jedoch so gut wie immer noch möglich.

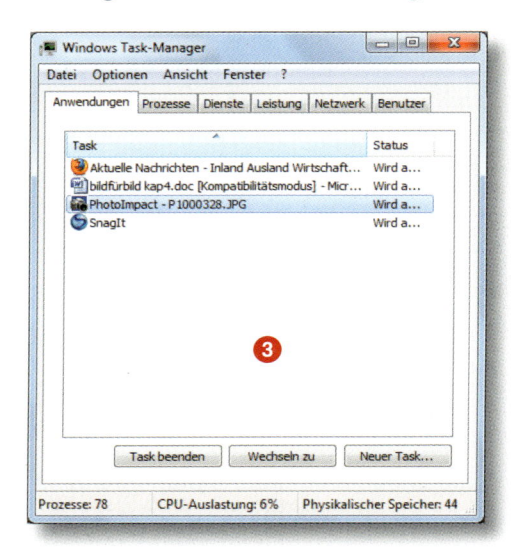

❶ Wenn Sie nicht mehr aus einem Programm herauskommen, weil es nicht mehr auf Tastatureingaben und Mausklicks reagiert, drücken Sie die Tastenkombination *Strg + Alt + Entf*.

❷ Im folgenden Bildschirm klicken Sie auf *Task-Manager*.

❸ Auf der Registerkarte *Anwendungen* werden Ihnen alle aktuell laufenden Programme angezeigt. Klicken Sie auf die nicht mehr funktionierende Anwendung, die in der Spalte *Status* auch durch einen entsprechenden Hinweis (*Keine Rückmeldung*) gekennzeichnet ist.

WINDOWS-ALLTAG

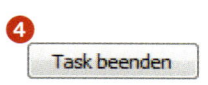

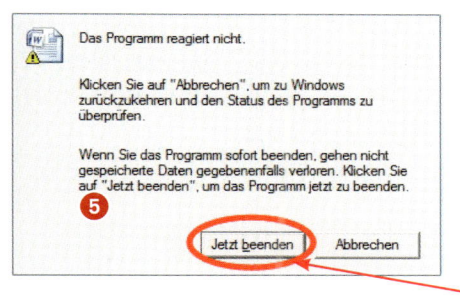

4 Klicken Sie auf *Task beenden*.

5 Windows versucht nun zunächst, das Programm regulär zu beenden, was bei vielen Programmabstürzen jedoch vergeblich ist. Ein entsprechender Hinweis wird eingeblendet, wobei Sie dann auf *Jetzt beenden* klicken müssen, um das Abbrechen des Programms zu erzwingen.

6 Das Programm wird nun geschlossen. Noch nicht gespeicherte Daten (z. B. die letzten Texteingaben oder Bildbearbeitungen) gehen dabei allerdings verloren.

FERTIG!

HINWEIS

Sie können den Task-Manager optional auch aufrufen, indem Sie mit der rechten Maustaste auf einen freien Bereich in der Taskleiste klicken und dann den Eintrag *Task-Manager starten* anklicken.

Einstellungsoptionen über die Suchfunktion finden

Los geht's! ▶ *Einstellungsoptionen über die Suchfunktion finden*

Die meisten Anpassungsmöglichkeiten für Windows befinden sich in der Systemsteuerung, nicht immer ist jedoch offensichtlich, wo einzelne Einstellungsoptionen denn nun verborgen sind. Über die Suchfunktion im Startmenü können Sie die Optionen einfach aufspüren.

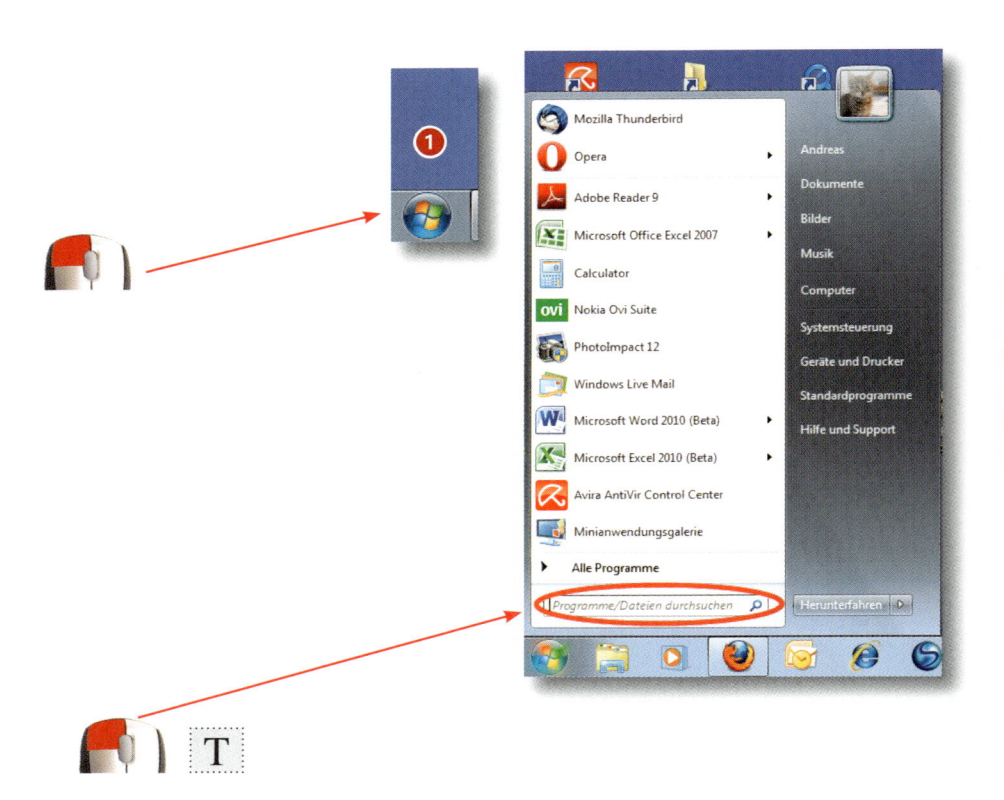

❶ Klicken Sie auf die Windows-Startschaltfläche.

❷ Geben Sie im Suchfeld (*Programme / Dateien durchsuchen*) den Begriff ein, über den Sie sich informieren wollen (z. B. *Taskleiste*).

WINDOWS-ALLTAG

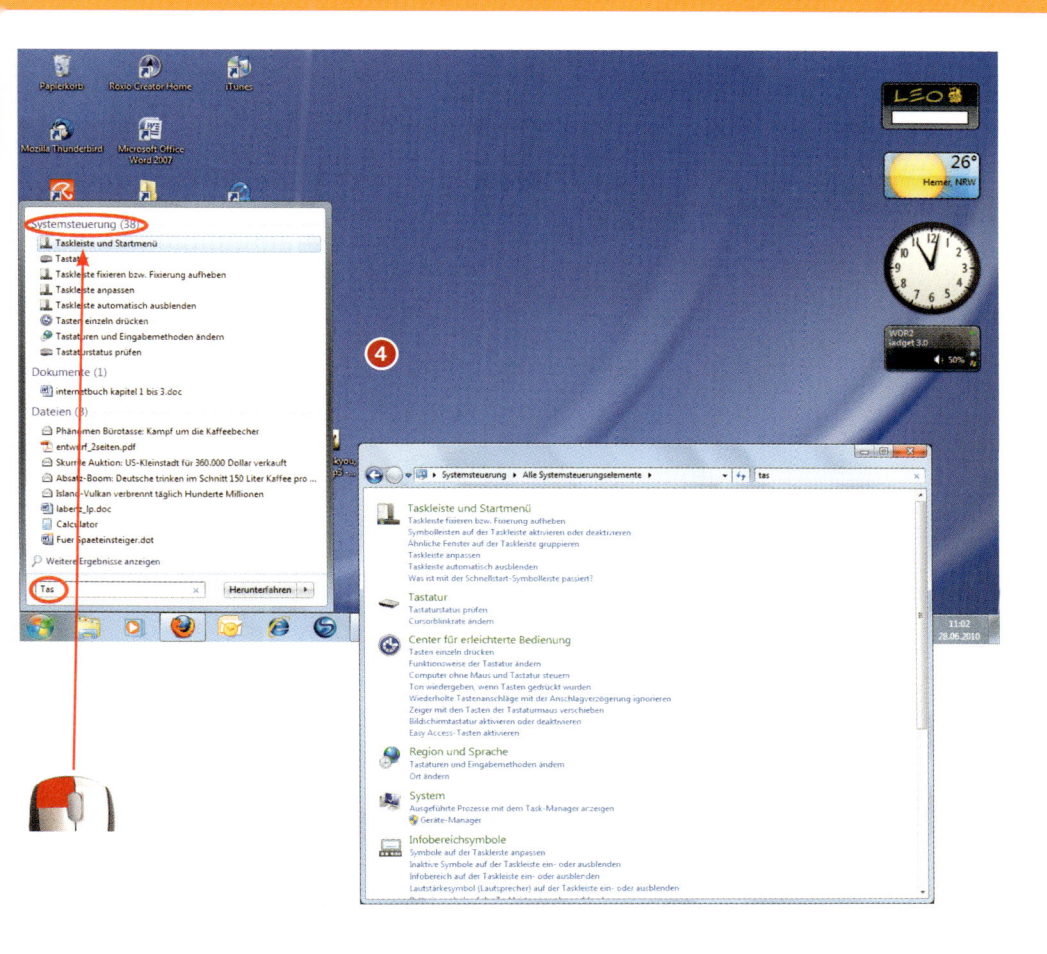

❸ Schon während der Eingabe zeigt Ihnen die Windows-Suche entsprechende Fundstellen an. An oberster Stelle sehen Sie die Programme, deren Namen die eingegebene Buchstabenfolge enthalten. Bereits an zweiter Stelle finden Sie die Fundstellen aus der Systemsteuerung. (Im Beispiel finden Sie schon nach Eingabe von *Tas* zahlreiche Fundstellen aus der Systemsteuerung.) Fahren Sie mit der Eingabe fort, um die Suchergebnisse zu verfeinern. Die Zahl der Fundstellen reduziert sich entsprechend.

❹ Klicken Sie im Suchergebnis den Eintrag *Systemsteuerung* an, um sich alle Fundstellen aus diesem Bereich anzeigen zu lassen.

FERTIG!

99

Sicherheit und Wartung

- ▶ Zum Administrator-Konto wechseln 102
- ▶ So kontrollieren Sie, ob ein Antivirenprogramm aktiv ist 104
- ▶ Antivirenprogramme richtig nutzen (Beispiel: Avira AntiVir Personal) 106
- ▶ Viren-Scans automatisch durchführen lassen (Beispiel: Avira Antivir Personal) 109
- ▶ Sicherheitseinstellungen kontrollieren 113
- ▶ Automatische Schnellüberprüfungen mit dem Windows Defender .. 115
- ▶ Windows Update einstellen 118
- ▶ Einstellungen der Windows-Firewall kontrollieren 120
- ▶ Sicherung einrichten 122
- ▶ Mehr Platz schaffen mit der Datenträgerbereinigung 125
- ▶ Systemleistung mit dem Task-Manager kontrollieren 128
- ▶ Programme als Administrator ausführen 131

Zum Administrator-Konto wechseln

Los geht's! ▶ *Zum Administrator-Konto wechseln*

Für verschiedene Aufgaben, die wir Ihnen in diesem Kapitel vorstellen wollen, sind Zugriffe auf bzw. Änderungen an Systemeinstellungen und Programmen notwendig, für die Windows Administrator-Rechte verlangt. Ein Administrator-Konto mit diesen Rechten wird bei der Einrichtung von Windows automatisch angelegt. Wechseln Sie daher zu diesem Administrator-Konto, wenn Sie die hier beschriebenen Anleitungen nachvollziehen möchten und sonst nur als Standardbenutzer angemeldet sind. Nutzen Sie ohnehin nur das Administrator-Konto, müssen Sie natürlich nichts ändern.

❶ Klicken Sie auf die Windows-Startschaltfläche.

❷ Klicken Sie auf die Schaltfläche mit dem kleinen weißen Pfeil bzw. Dreieck neben *Herunterfahren*.

SICHERHEIT UND WARTUNG

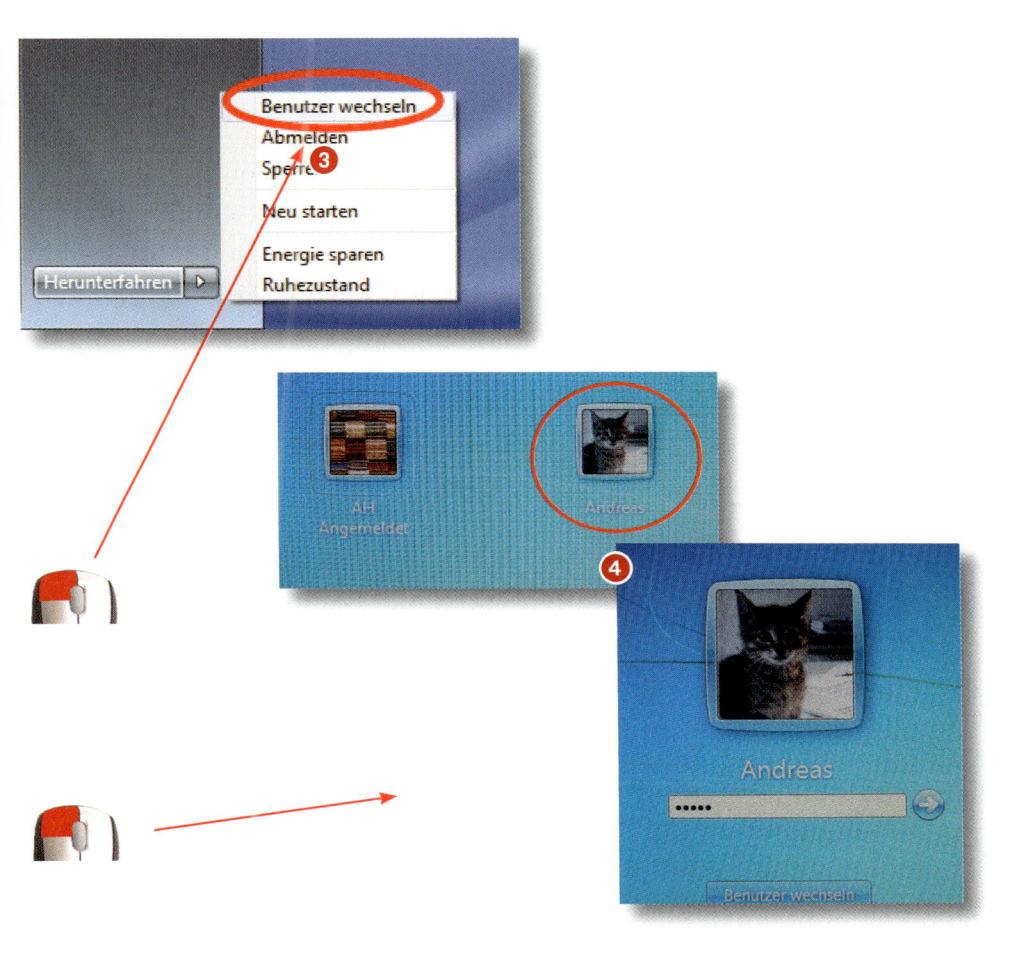

❸ Klicken Sie auf *Benutzer wechseln*.

❹ Klicken Sie das Administrator-Konto an und geben Sie das Kennwort ein.

FERTIG!

WISSENSWERTES

Für die alltägliche Arbeit am Rechner sollten Sie aus Sicherheitsgründen ein Standardbenutzer-Konto anlegen und dieses verwenden. Benötigen Sie dann doch einmal Administrator-Rechte, können Sie Programme bei Bedarf auch gezielt als Administrator starten. Wie dies geht, erfahren Sie am Ende dieses Kapitels.

So kontrollieren Sie, ob ein Antivirenprogramm aktiv ist

Los geht's! ▶ **So kontrollieren Sie, ob ein Antivirenprogramm aktiv ist**

Jeder PC mit Internetzugang sollte unbedingt mit einer Antivirensoftware gesichert werden, andernfalls haben Computerviren ein leichtes Spiel. Windows selbst bietet diese Schutzkomponente nicht, allerdings ist auf den meisten neuen Rechnern eine solche Software bereits vorinstalliert, sodass ein gewisser Schutz schon vorhanden ist. Über den Status der Antivirensoftware informieren Sie sich über das Sicherheitscenter.

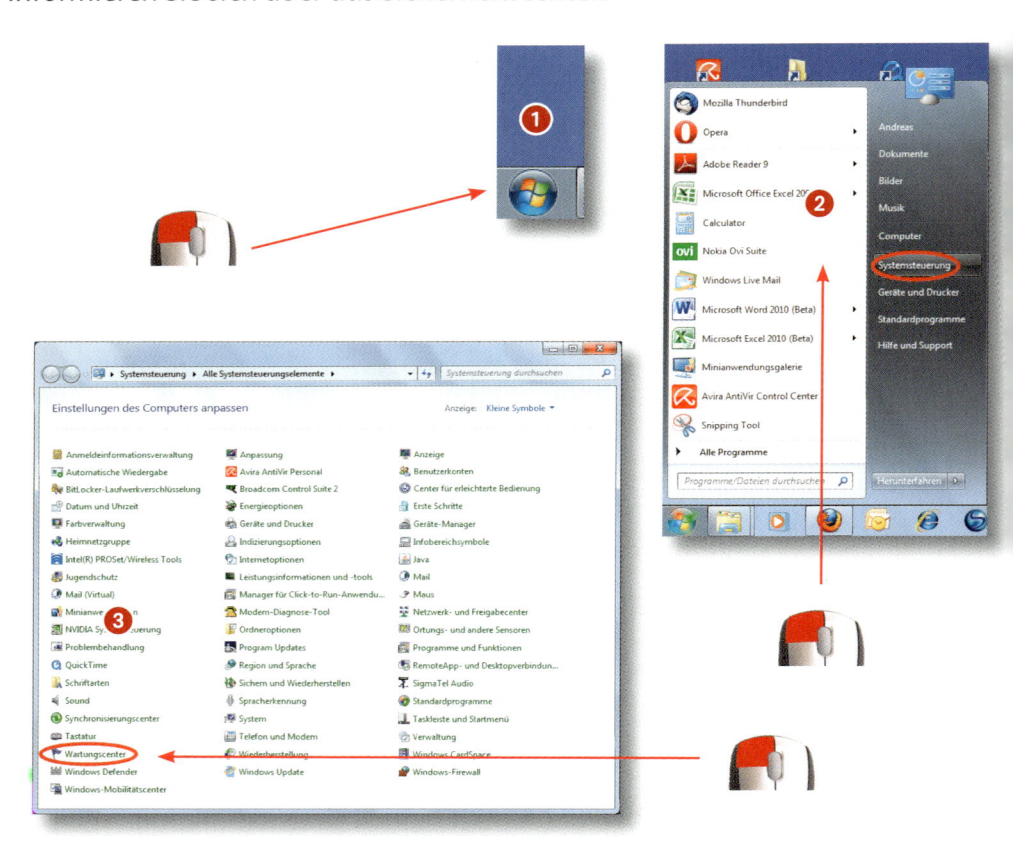

❶ Klicken Sie auf die Windows-Startschaltfläche.

❷ Klicken Sie auf *Systemsteuerung*.

❸ Klicken Sie auf *Wartungscenter*.

SICHERHEIT UND WARTUNG

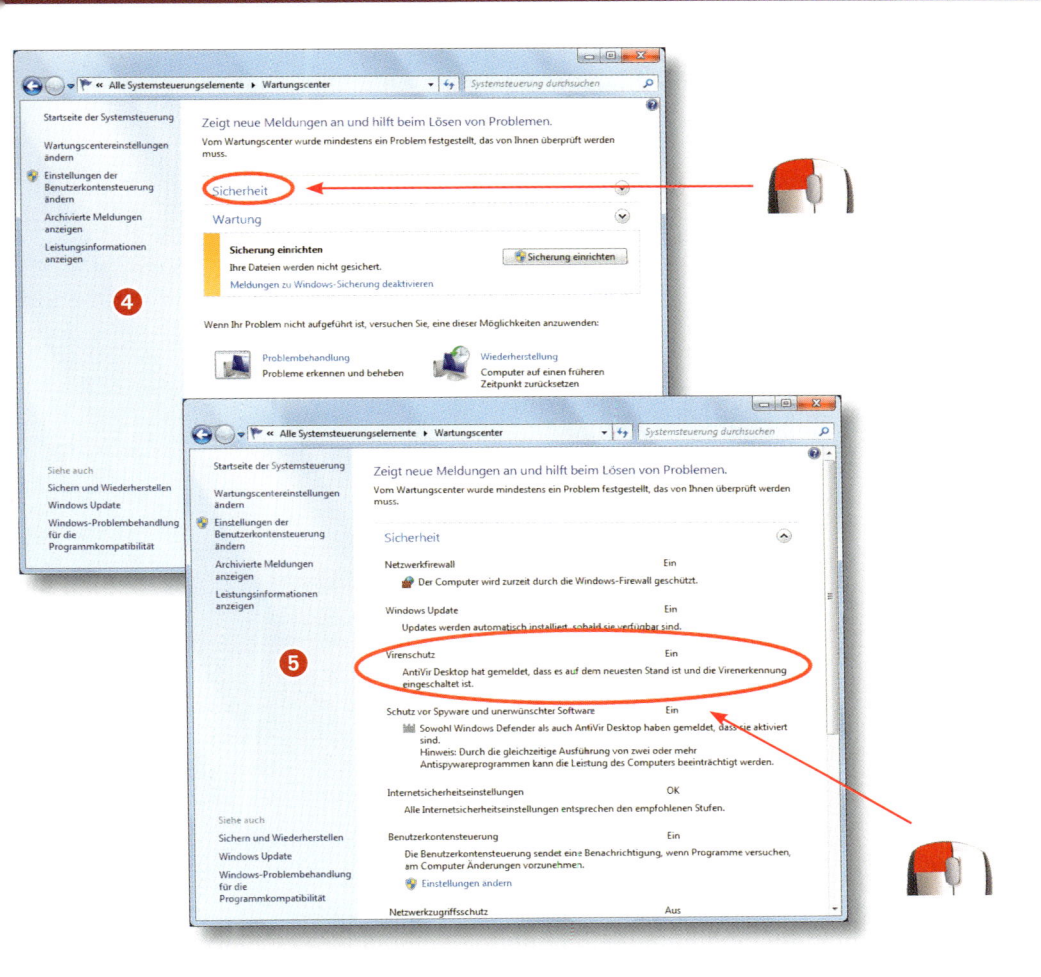

④ Klicken Sie auf den Eintrag *Sicherheit*.

⑤ In der Liste sollte nun unter dem Punkt *Virenschutz* zu lesen sein, dass das installierte Antivirenprogramm eingeschaltet und auf dem neuesten Stand ist.

FERTIG!

WISSENSWERTES

Ist das Antivirenprogramm nicht mehr aktuell oder ausgeschaltet, erscheint im Infobereich ein entsprechender Hinweis.

Antivirenprogramme richtig nutzen (Beispiel: Avira AntiVir Personal)

Los geht's! ▶ **Antivirenprogramme richtig nutzen (Beispiel: Avira AntiVir Personal)**

Antivirenprogramme überwachen permanent den Zugriff auf den PC, um potenziell gefährliche Programme und Dateien zu erkennen und zu blockieren. Außerdem sollen sie regelmäßig eine gründliche Untersuchung der Festplatte(n) des PCs vornehmen. Am Beispiel des kostenfreien Programms AntiVirPersonal zeigen wir Ihnen die entsprechenden Einstellungen.

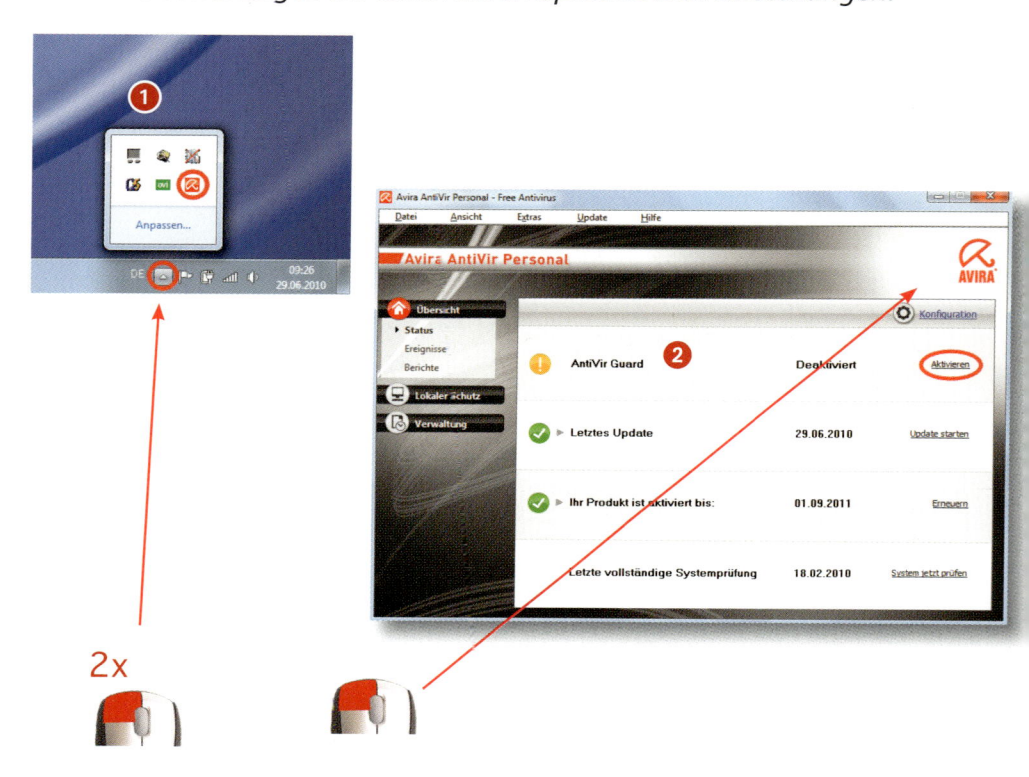

❶ Klicken Sie doppelt auf das Symbol der Antivirensoftware, das im Infobereich bzw. dem erweiterten Infobereich der Taskleiste angezeigt wird.

❷ Kontrollieren Sie auf der Startseite des Programms (*Übersicht*), ob der Virenschutz aktiviert ist. Falls dies nicht der Fall ist, klicken Sie auf *Aktivieren*.

SICHERHEIT UND WARTUNG

❸ Liegt das Datum der letzten vollständigen Systemprüfung schon längere Zeit zurück, klicken Sie auf *System jetzt prüfen*.

❹ Das Programm beginnt nun die Untersuchung, die, je nachdem, wie viele Dateien bereits auf dem Rechner sind und wie schnell der PC arbeitet, einige Zeit dauern kann. Werden während des Scans Viren oder andere verdächtige Dateien gefunden, gibt es einen entsprechenden Hinweis.

Antivirenprogramme richtig nutzen (Beispiel: Avira AntiVir Personal)

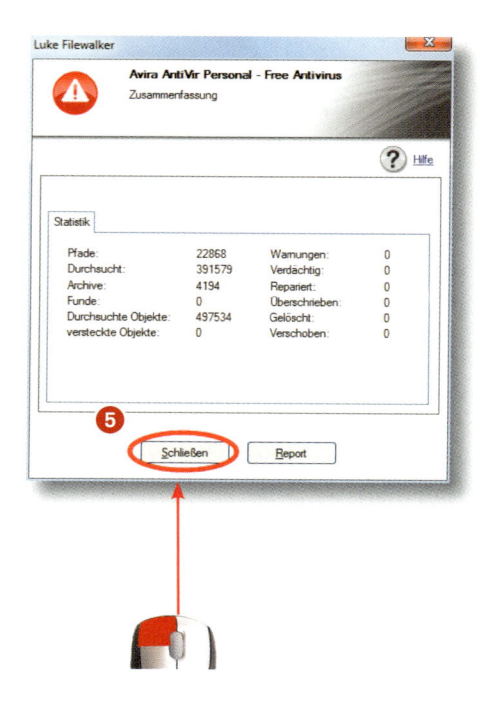

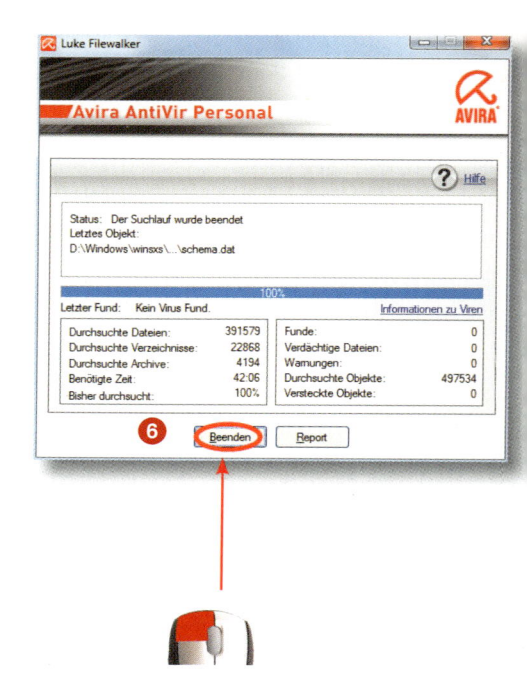

❺ Am Ende der Untersuchung erscheint eine Zusammenfassung. Wenn der Scan keinen Befund erbracht hat, klicken Sie auf *Schließen*, um diese Zusammenfassung auszublenden.

❻ Klicken Sie auf *Beenden*, um die Überprüfung abzuschließen.

FERTIG!

WISSENSWERTES

Je nach Leistung des PCs kann diese Überprüfung auch dazu führen, dass aufgrund der hohen Prozessorauslastung andere Programme nicht mehr in gewohnter Weise arbeiten, sondern deutlich langsamer sind.

SICHERHEIT UND WARTUNG

Los geht's! ▶ *Viren-Scans automatisch durchführen lassen (Beispiel: Avira Antivir Personal)*

Die vollständigen Überprüfungen der Rechnerlaufwerke sollten Sie nach Möglichkeit regelmäßig in nicht allzu großen Abständen durchführen, um möglichst sicher zu sein, dass keine Viren und andere Schädlinge auf Ihren Rechner gelangt sind. Die meisten Antivirenprogramme bieten eine Automatisierung solcher Scans an. Bei Antivir Personal nutzen Sie diese Option folgendermaßen:

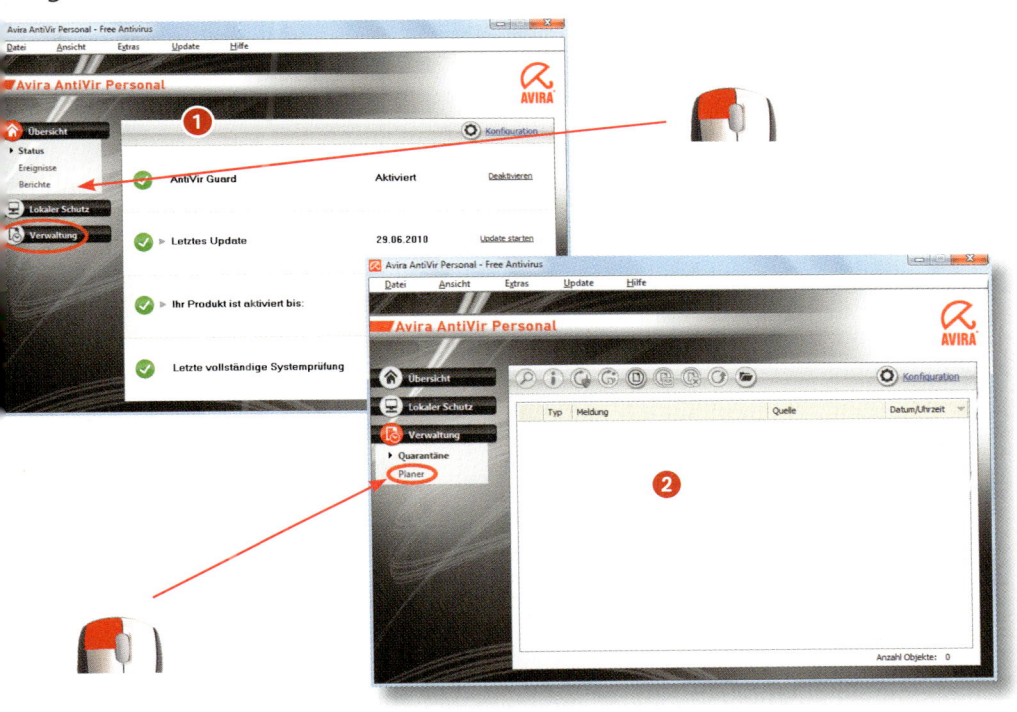

❶ Klicken Sie auf der Startseite der Antivir-Software auf *Verwaltung*.

❷ Klicken Sie auf *Planer*.

❸ In der Tabelle ist bereits ein Auftrag zur vollständigen Systemprüfung zu sehen, der durch einen blauen Hintergrund hervorgehoben ist.

109

Viren-Scans automatisch durchführen lassen (Beispiel: Avira Antivir Perso

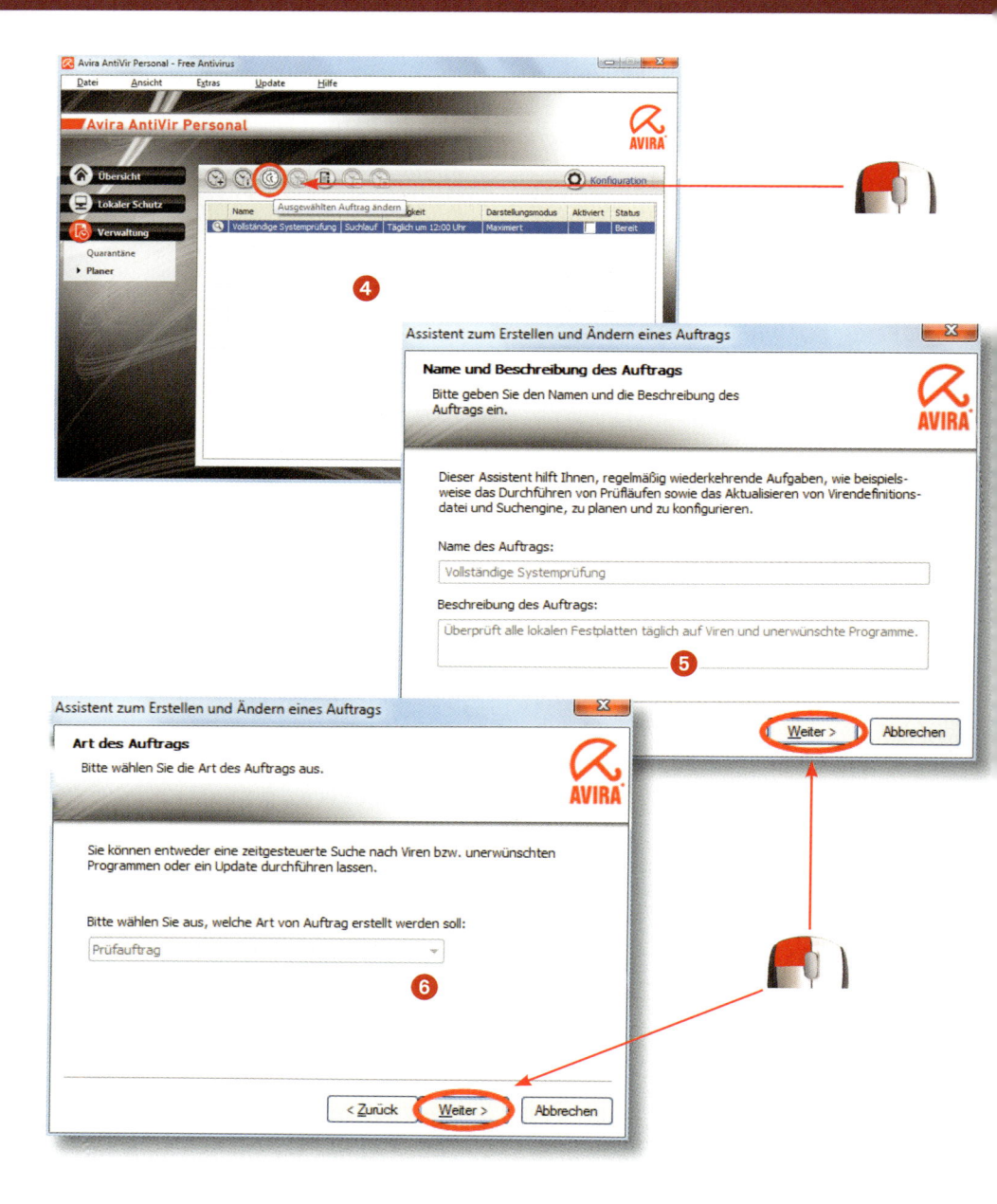

4 Klicken Sie auf die Schaltfläche *Ausgewählten Auftrag ändern*.

5 Die ersten Angaben (*Name und Beschreibung des Auftrags*) können Sie unverändert lassen, klicken Sie hier nur auf *Weiter*.

6 Auch im nächsten Fenster (*Art des Auftrags*) klicken Sie auf Weiter.

SICHERHEIT UND WARTUNG

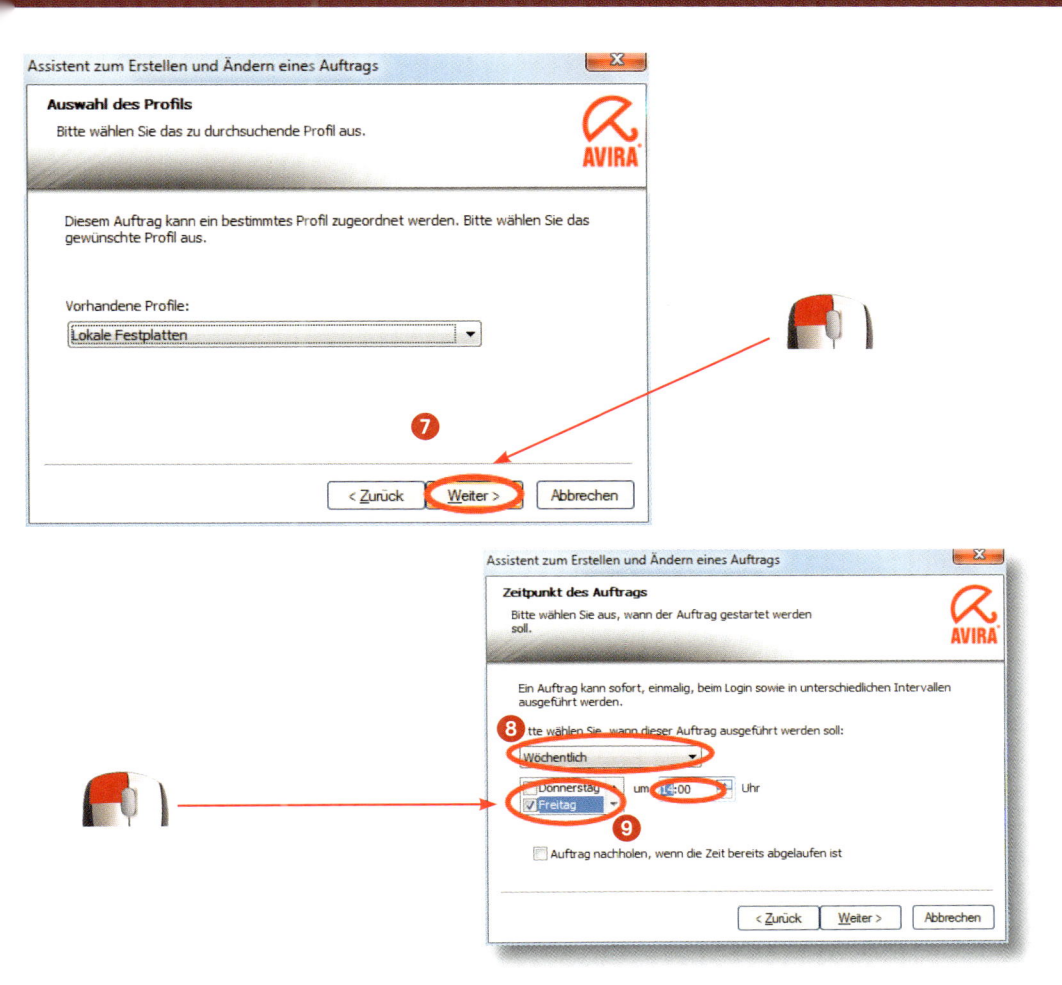

❼ Nun können Sie festlegen, was genau in den Überprüfungen gescannt werden soll. Belassen Sie es auch hier bei dem Standardeintrag *Lokale Festplatten* und klicken Sie auf *Weiter*.

❽ Klicken Sie auf das Eingabefeld *Bitte wählen Sie, wann dieser Auftrag ausgeführt werden soll*. Entscheiden Sie sich hier z. B. für *wöchentlich*.

❾ Klicken Sie den gewünschten Wochentag an und geben Sie die gewünschte Uhrzeit an. Wegen der Beeinträchtigung der Rechnerleistung sollten Sie eine Tageszeit aussuchen, zu der der Rechner zwar eingeschaltet ist, Sie aber nicht daran arbeiten müssen. Klicken Sie dann auf *Weiter*.

Viren-Scans automatisch durchführen lassen (Beispiel: Avira Antivir Perso

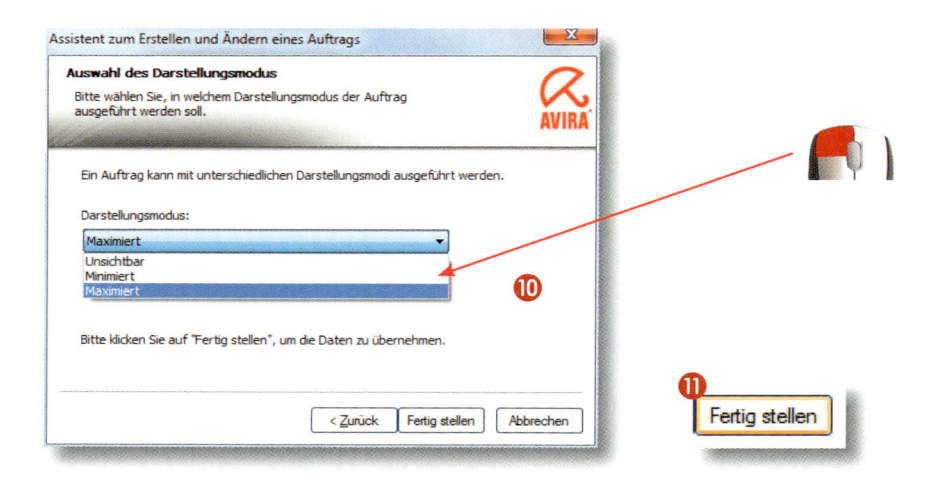

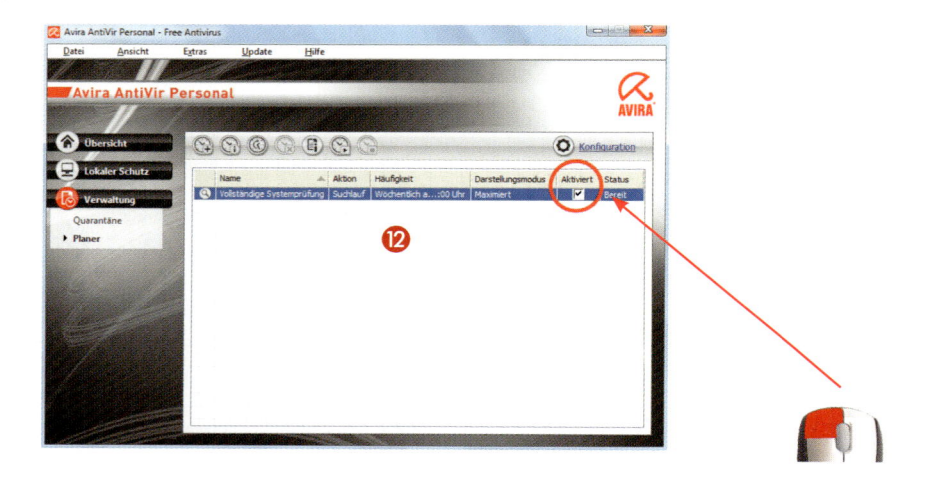

❿ Abschließend wählen Sie noch aus, ob der Scan und die Ergebnisse automatisch in einem geöffneten Fenster angezeigt (maximiert) oder diese Fenster zunächst nur in minimierter Form dargestellt werden sollen.

⓫ Klicken Sie auf *Fertig stellen*.

⓬ Damit die automatische Überprüfung tatsächlich wie geplant startet, müssen Sie in der Tabelle das Kästchen in der Spalte *Aktiviert* anklicken, damit dort ein Häkchen erscheint.

FERTIG!

SICHERHEIT UND WARTUNG

Los geht's! ▶ *Sicherheitseinstellungen kontrollieren*

Außer dem Antivirenprogramm gibt es noch einige weitere elementare Schutzvorkehrungen, die Sie unbedingt einsetzen sollten, um sich vor möglichen Bedrohungen durch Computerviren und anderen Schädlingen zu schützen. Auch den Status dieser Sicherheitskomponenten können Sie über das Wartungscenter kontrollieren.

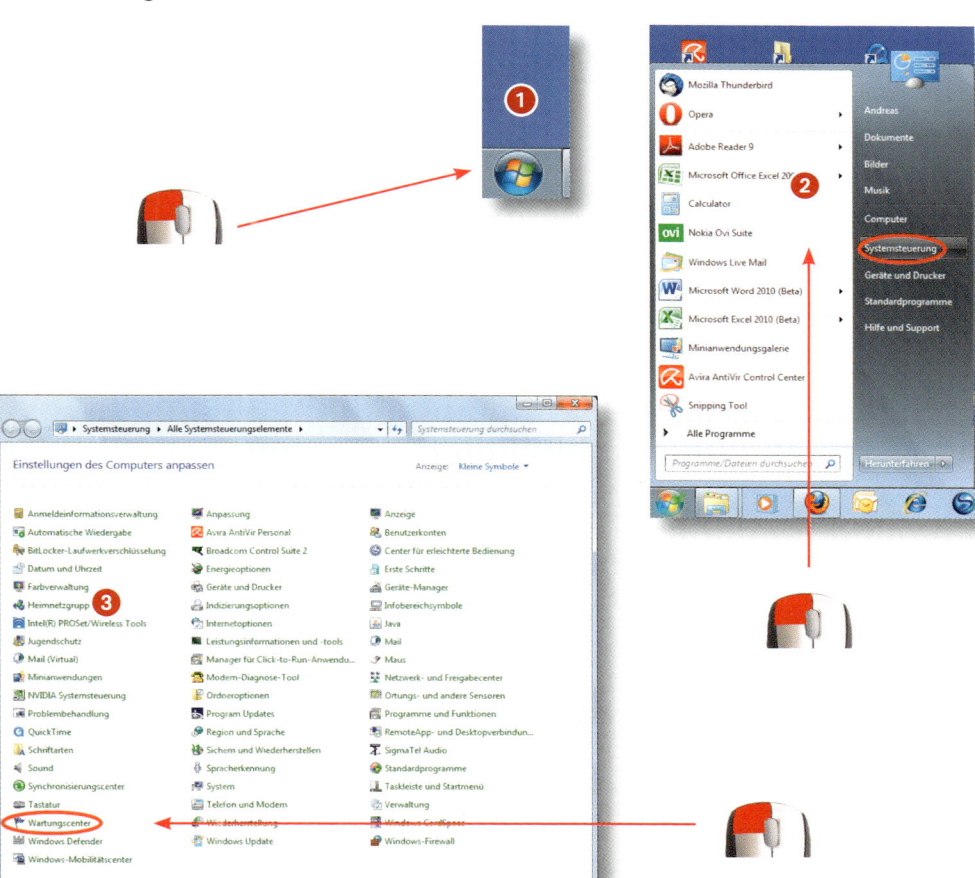

❶ Klicken Sie auf die Windows-Startschaltfläche.

❷ Klicken Sie auf *Systemsteuerung*.

❸ Klicken Sie auf *Wartungscenter*.

Sicherheitseinstellungen kontrollieren

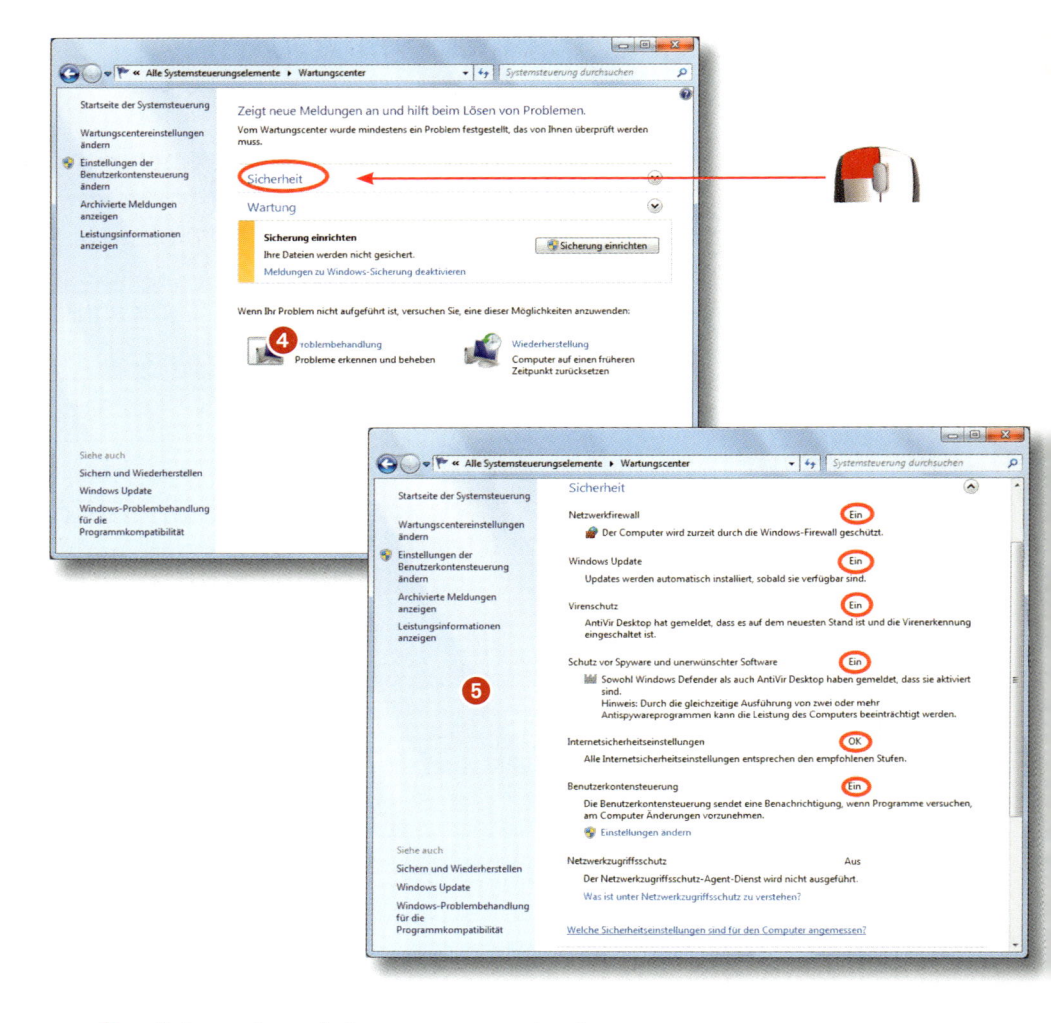

❹ Klicken Sie auf den Eintrag *Sicherheit*.

❺ Es sollten nun folgende Einträge zu finden sein:

- Netzwerkfirewall – Ein
- Windows Update – Ein
- Virenschutz – Ein
- Schutz vor Spyware und unerwünschter Software – Ein
- Internetsicherheitseinstellungen – OK
- Benutzerkontensteuerung – Ein

FERTIG!

SICHERHEIT UND WARTUNG

Los geht's! ▶ *Automatische Schnellüberprüfungen mit dem Windows Defender*

Zum Lieferumfang von Windows gehört auch der Windows Defender, eine Schutzsoftware, die zwar kein Antivirenprogramm ersetzen kann, aber bestimmte Schadprogramme ausfindig macht und zusätzlichen Schutz bietet. Sie sollten den Windows Defender daher ähnlich wie eine Antivirensoftware so einstellen, dass regelmäßig automatische Überprüfungen durchgeführt werden.

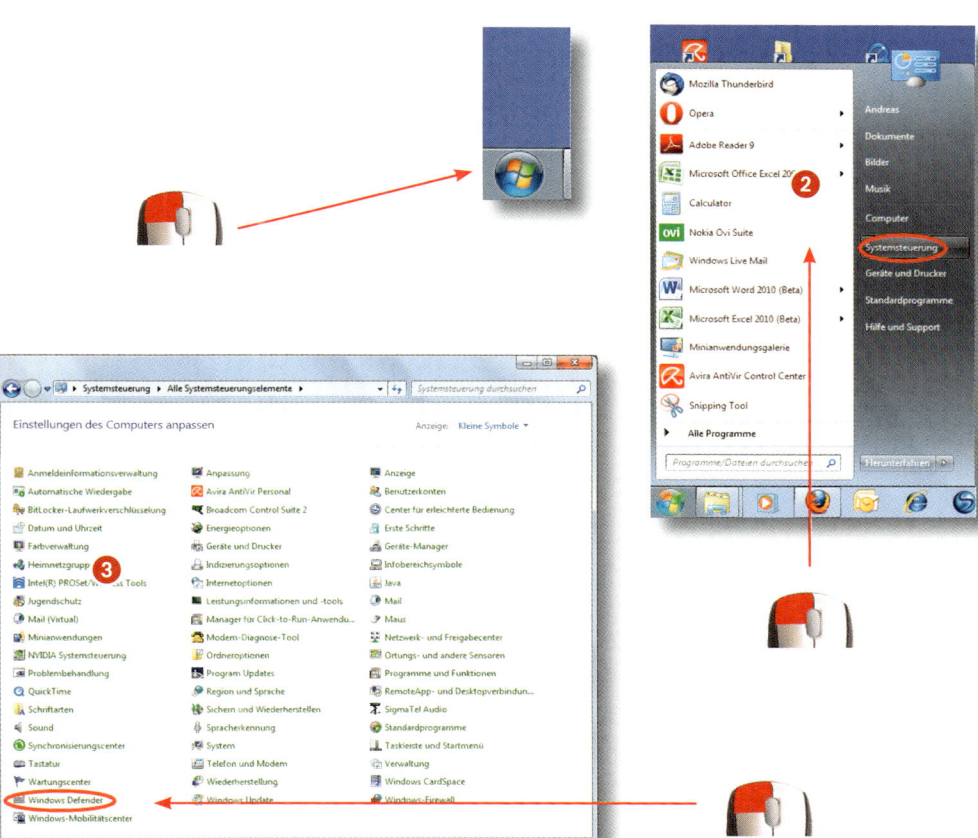

① Klicken Sie auf die Windows-Startschaltfläche.

② Klicken Sie auf *Systemsteuerung*.

③ Klicken Sie auf *Windows Defender*.

Automatische Schnellüberprüfungen mit dem Windows Defender

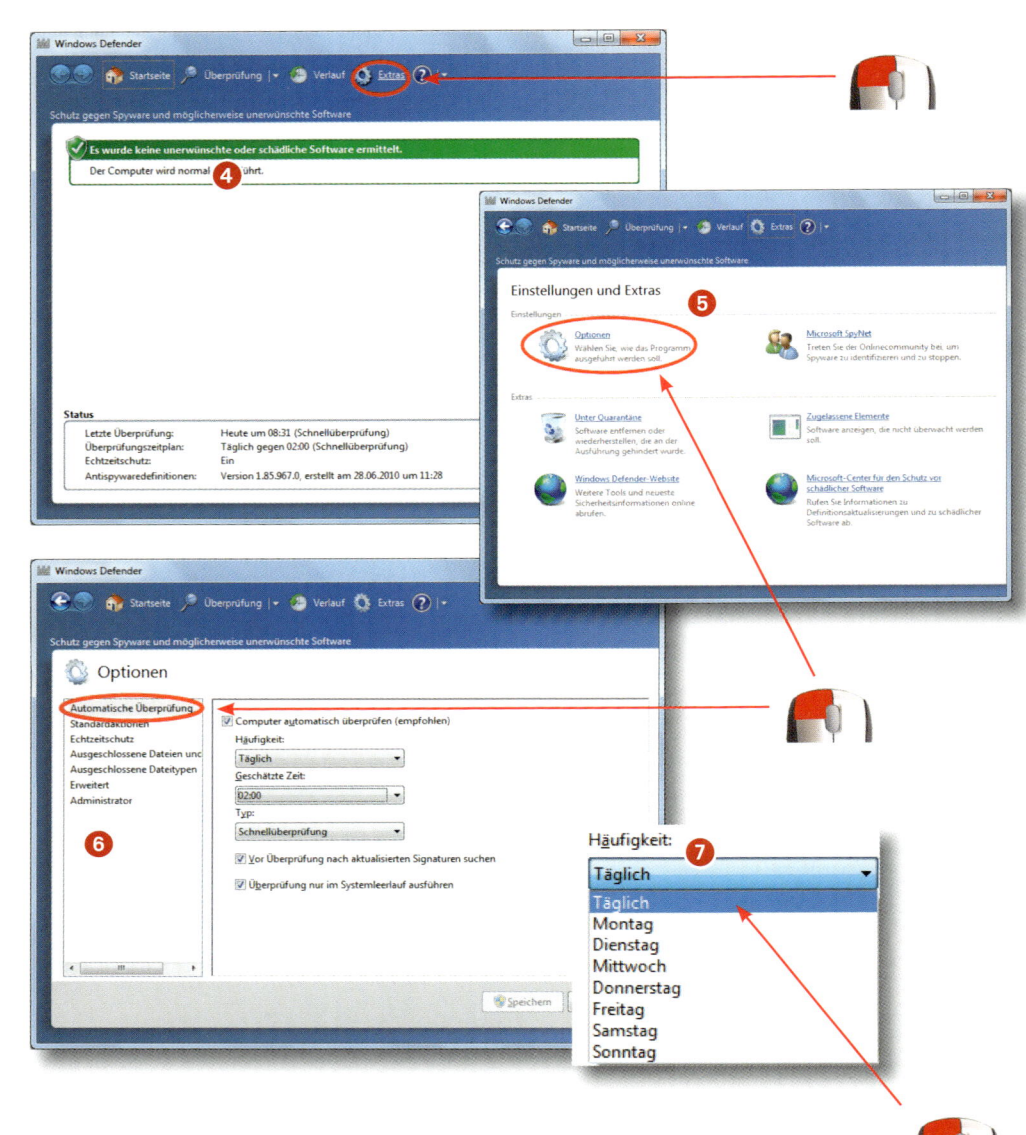

❹ Klicken Sie auf *Extras*.

❺ Klicken Sie auf *Optionen*.

❻ Klicken Sie auf *Automatische Überprüfung*.

❼ Legen Sie nun unter Häufigkeit fest, ob die Überprüfung täglich oder einmal pro Woche an einem bestimmten Tag durchgeführt werden soll.

SICHERHEIT UND WARTUNG

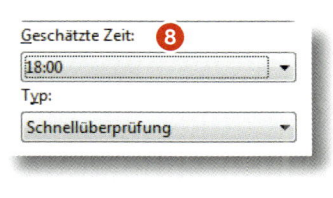

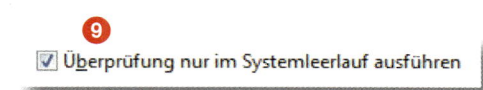

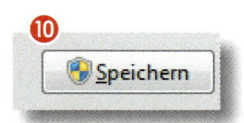

❽ Über *Geschätzte Zeit* können Sie vorgeben, zu welcher Zeit die Überprüfung erfolgen soll. Bei *Typ* belassen Sie es am besten bei *Schnellüberprüfung*.

❾ Möchten Sie durch die Überprüfung, die ebenso wie bei der Nutzung einer Antivirensoftware einige Rechnerressourcen beansprucht und daher bei laufender Arbeit am Rechner zu Beeinträchtigungen führen kann, nicht gestört werden, so achten Sie darauf, dass die Option *Überprüfung nur im Systemleerlauf ausführen* aktiviert ist. Sie erkennen dies daran, dass in dem Kästchen vor diesem Punkt ein Häkchen zu sehen ist. Die anderen Einstellungen können Sie zunächst so übernehmen, wie sie standardmäßig vorgegeben sind.

❿ Klicken Sie auf *Speichern*.

FERTIG!

WISSENSWERTES

Sie sollten zusätzlich zur regelmäßigen Schnellüberprüfung gelegentlich noch eine Vollüberprüfung vornehmen. Diese können Sie jederzeit über die Startseite von Windows Defender (*Überprüfung – Vollständige Überprüfung*) starten.

Windows Update einstellen

> **Los geht's!** ▶ *Windows Update einstellen*

Damit es auf Ihrem Rechner möglichst wenig Schwachstellen gibt, über die Computerviren und andere Schadprogramme eindringen können, sollten Sie unbedingt dafür sorgen, dass wichtige Updates für Windows und andere eventuell vorhandene Microsoft-Programme schnellstens installiert werden. Am einfachsten geht dies über das automatische Windows Update. Kontrollieren Sie die Einstellungen von Windows Update und nehmen Sie gegebenenfalls entsprechende Änderungen vor.

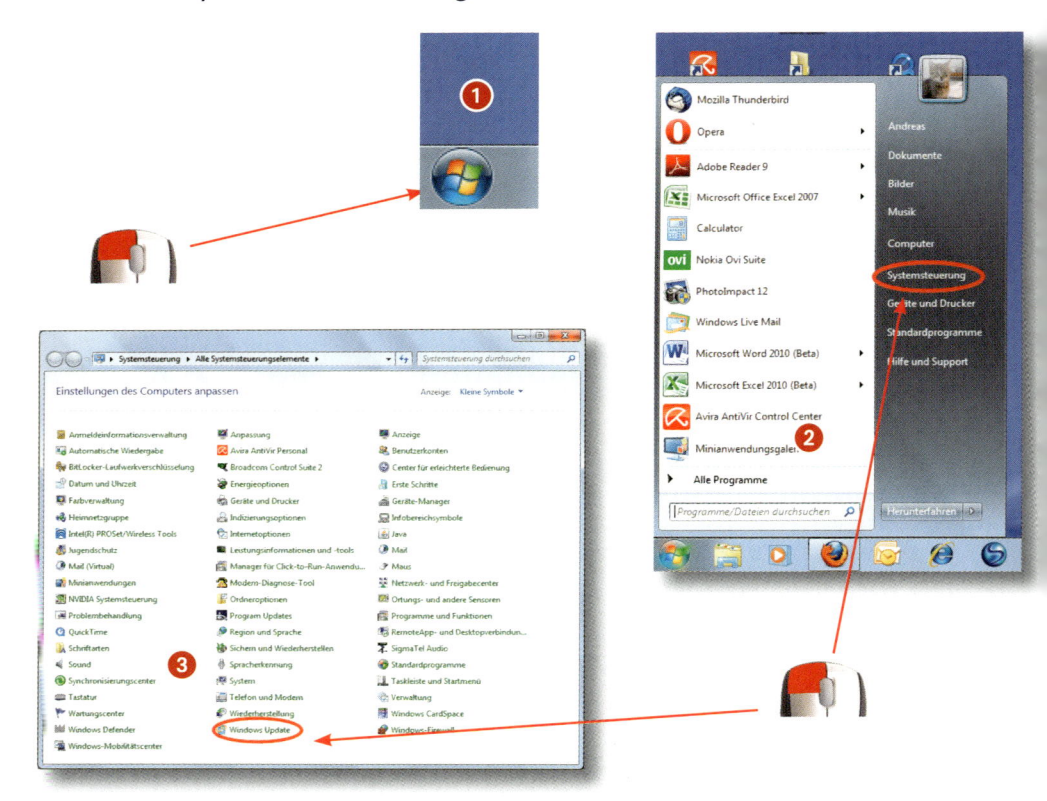

① Klicken Sie auf die Windows-Startschaltfläche.

② Klicken Sie auf *Systemsteuerung*.

③ Klicken Sie auf *Windows Update*.

SICHERHEIT UND WARTUNG

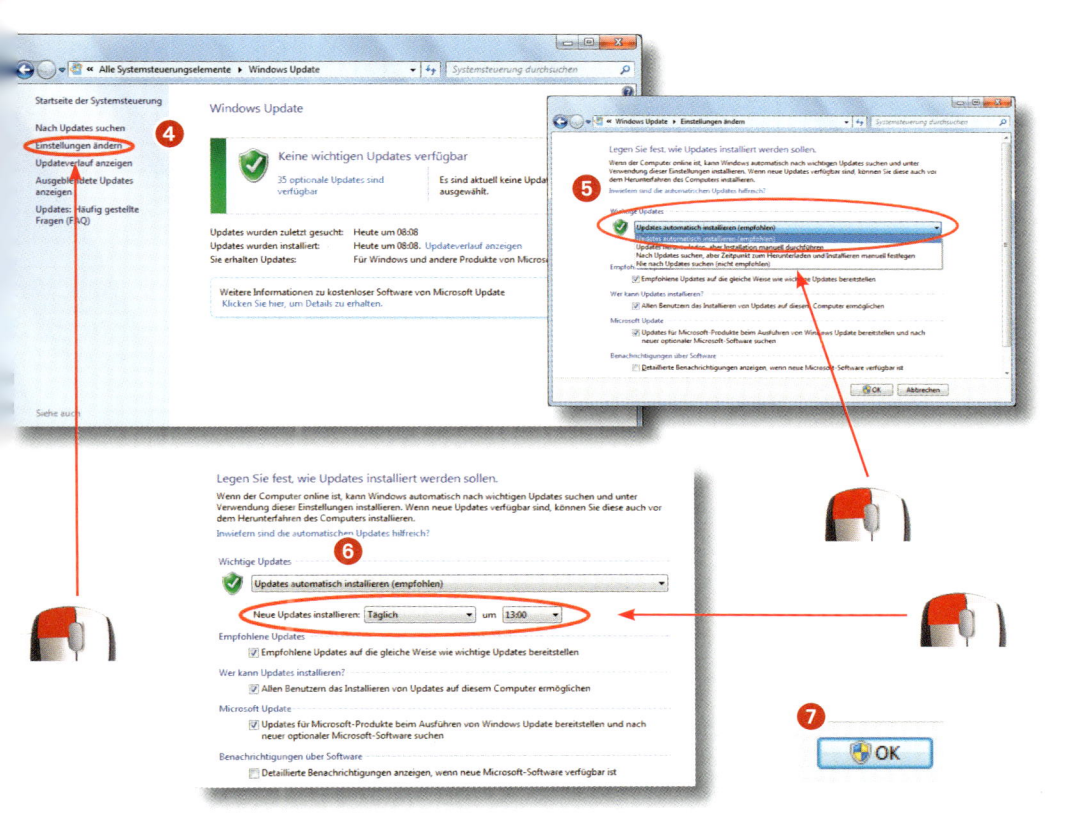

4 Klicken Sie in der linken Spalte auf den Link *Einstellungen ändern*.

5 Kontrollieren Sie, ob unter *Wichtige Updates* die Option *Updates automatisch installieren* (*empfohlen*) gewählt ist. Sollte dies nicht der Fall sein, holen Sie es nach.

6 Als Installationszeitpunkt (*Neue Updates installieren*) wählen Sie *Täglich* und als Uhrzeit tragen Sie am besten eine Zeit ein, zu der der Rechner wahrscheinlich auch eingeschaltet ist. Allerdings verlangen viele Updates, dass der Rechner nach der Installation heruntergefahren und dann neu gestartet wird. Wählen Sie also einen Zeitpunkt, zu dem Sie diesen Vorgang ohne große Beeinträchtigung Ihrer Arbeitsabläufe durchführen können.

7 Bestätigen Sie Ihre Änderungen mit einem Klick auf die Schaltfläche *OK*.

FERTIG!

119

Einstellungen der Windows-Firewall kontrollieren

Los geht's! ▶ *Einstellungen der Windows-Firewall kontrollieren*

Eine weitere Schutzkomponente auf Ihrem PC ist die Windows-Firewall, die vor allem dazu dient, unerwünschte bzw. potenziell gefährliche Kontaktversuche mit Ihrem Rechner aus dem Internet heraus zu unterbinden. Die Windows-Firewall ist standardmäßig aktiviert und bereits so eingestellt, dass sie diese Schutzfunktion optimal ausübt. Kontrollieren Sie, ob auch auf Ihrem Rechner diese Grundeinstellungen getroffen sind.

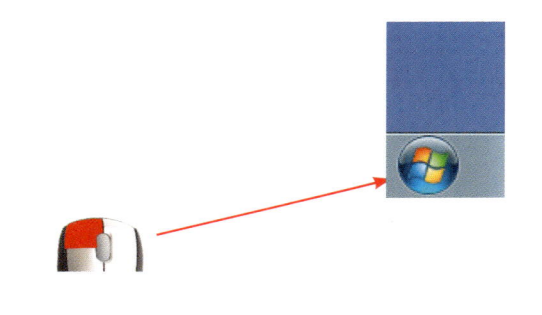

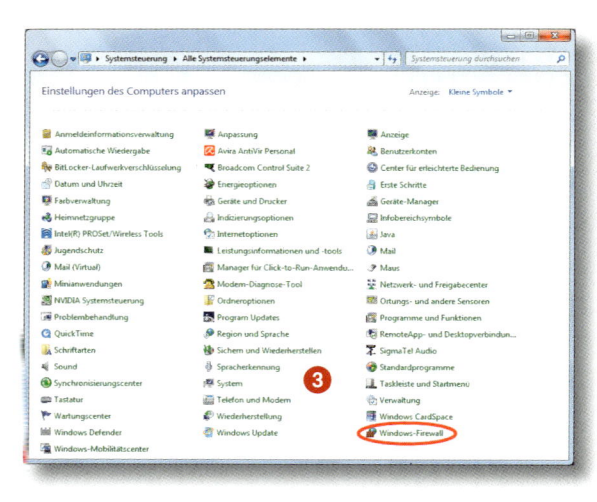

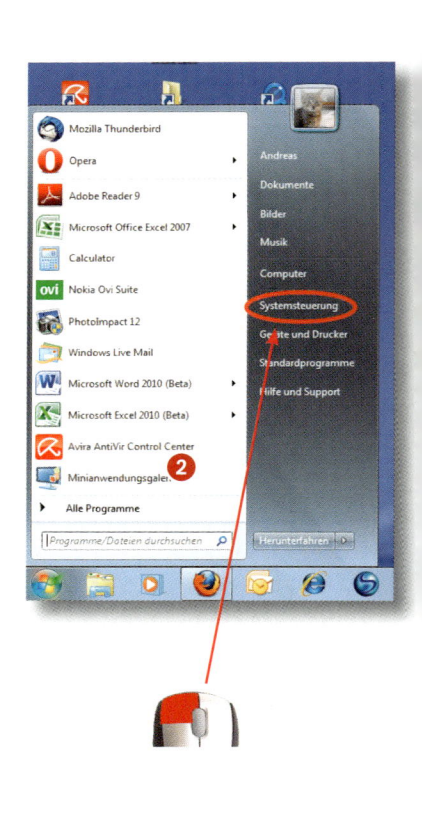

1. Klicken Sie auf die Windows-Startschaltfläche.

2. Klicken Sie auf *Systemsteuerung*.

3. Klicken Sie auf *Windows-Firewall*.

SICHERHEIT UND WARTUNG

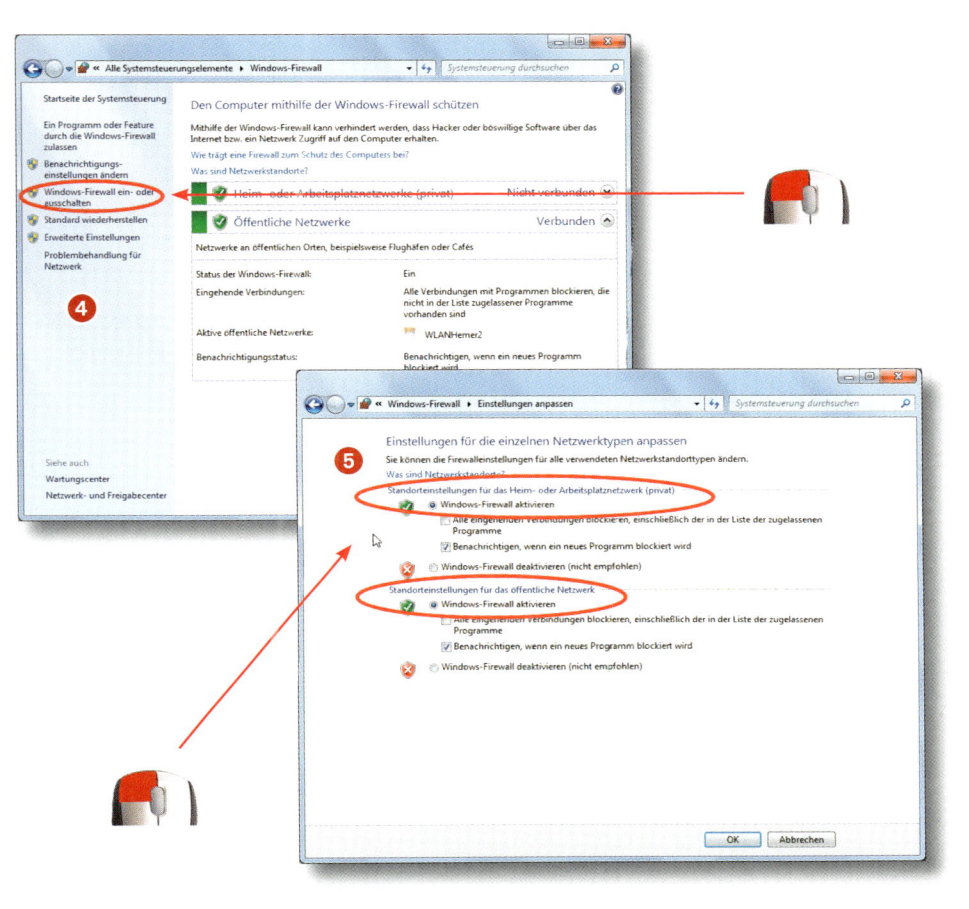

4 Klicken Sie auf *Windows-Firewall ein- oder ausschalten*.

5 Kontrollieren Sie, ob bei den Standorteinstellungen die Option *Windows-Firewall aktivieren* gewählt ist. Sie erkennen dies an dem Punkt in der runden Optionsschaltfläche. Sollte die Windows-Firewall deaktiviert sein, ändern Sie dies, indem Sie auf den Optionsschalter vor *Windows-Firewall aktivieren* klicken.

FERTIG!

WISSENSWERTES

Zusätzliche Personal-Firewalls, wie sie früher empfohlen wurden, werden nicht mehr benötigt, da die Windows-Firewall mittlerweile eine ausreichende Schutzleistung bietet.

Sicherung einrichten

Los geht's! ▶ *Sicherung einrichten*

Vor plötzlichen Defekten ist man nie sicher. Immer wieder kann es passieren, dass der Rechner auf einmal irreparabel beschädigt wird oder die Festplatte einen Defekt bekommt. Damit der Schaden auf ein Minimum beschränkt bleibt und Sie wichtige Daten (z. B. Ihre digitalen Bilder- und Musiksammlungen) nicht unwiderruflich verlieren, müssen Sie sie auf einem weiteren Datenträger sichern. Am besten sind externe Festplatten für die Datensicherung geeignet, da Sie hier komplette Spiegelungen Ihres aktuellen Systems vornehmen können. Für eine eingeschränkte Sicherung, etwa von ausgesuchten wichtigen Dokumenten, können Sie z. B. auch auf USB-Sticks zurückgreifen.

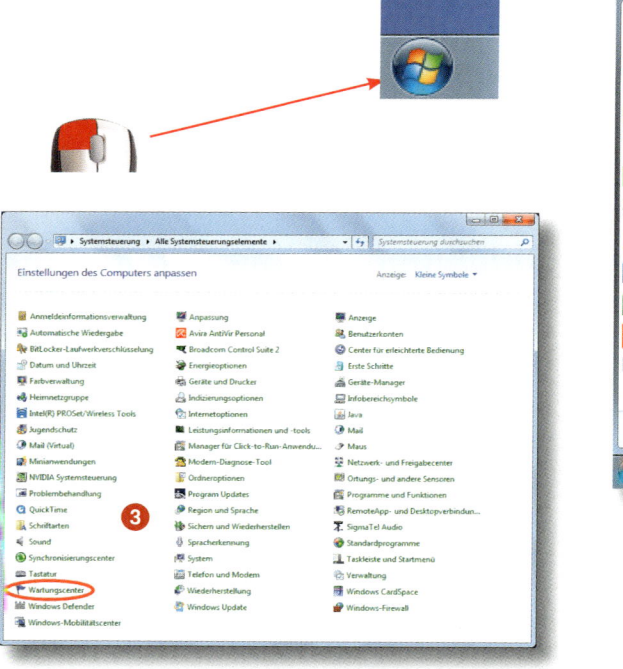

① Klicken Sie auf die Windows-Startschaltfläche.

② Klicken Sie auf *Systemsteuerung*.

③ Klicken Sie auf *Wartungscenter*.

SICHERHEIT UND WARTUNG

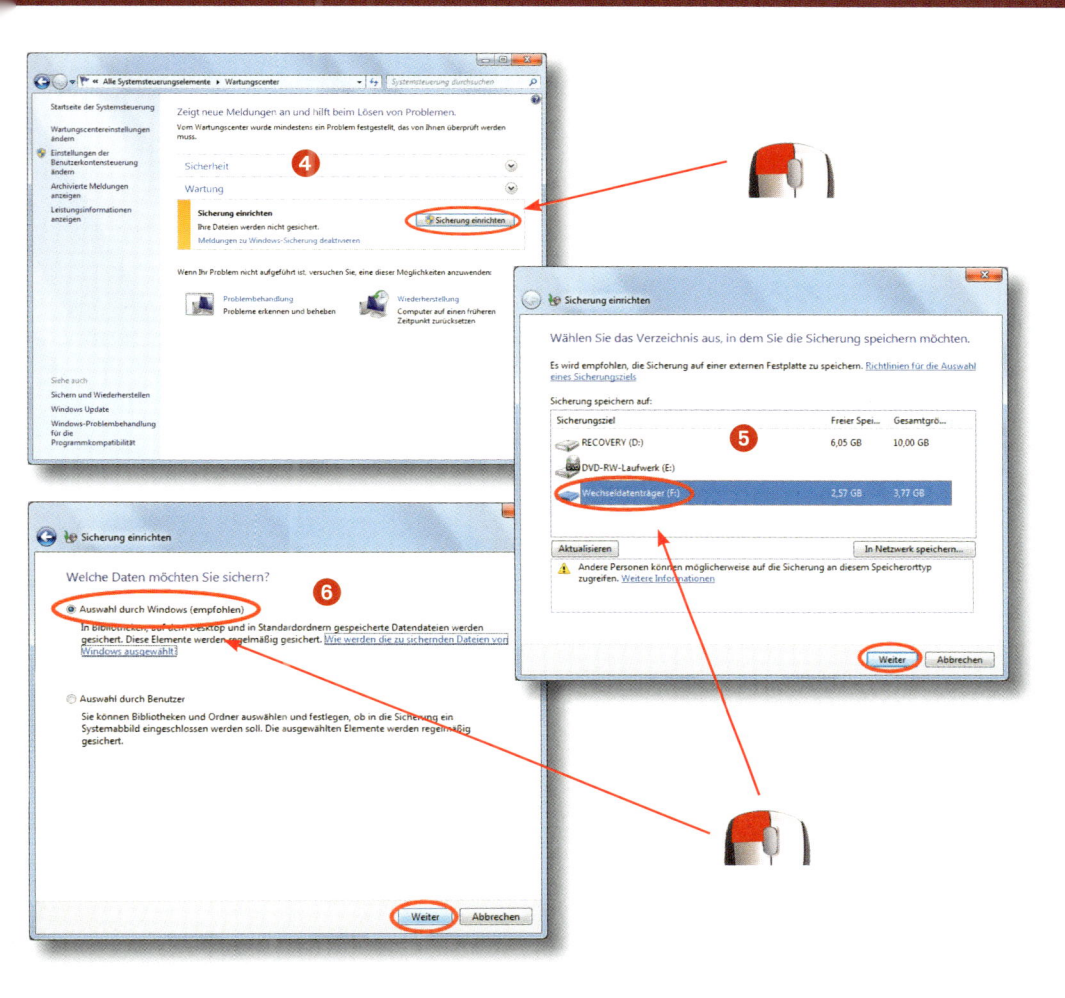

④ Klicken Sie auf *Sicherung einrichten*. (Falls dieser Eintrag nicht gleich angezeigt wird, klicken Sie zunächst auf *Wartung*.) Daraufhin startet ein Assistent, der Sie Schritt für Schritt durch diesen Vorgang begleitet.

⑤ Sie erhalten eine Übersicht über die zur Verfügung stehenden Sicherungsmedien. Wählen Sie das gewünschte Medium aus, indem Sie es anklicken. Klicken Sie dann auf *Weiter*.

⑥ Sie können nun Windows auswählen lassen, welche Dateien gesichert werden sollen, oder dies selbst festlegen. Nutzen Sie die von Windows vorgeschlagenen Standardordner (Bilder, Musik, Dokumente etc.), können Sie die von Windows vorgeschlagene Auswahl übernehmen. Klicken Sie dann auf *Weiter*.

Sicherung einrichten

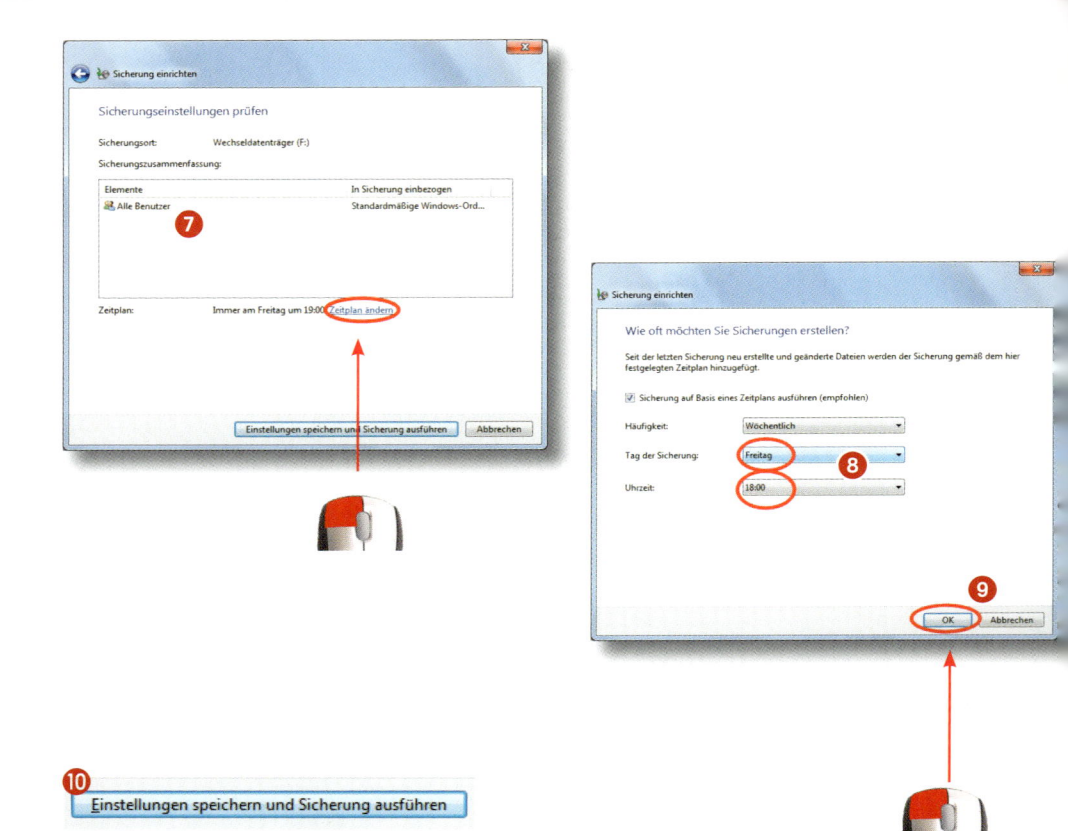

7 Im folgenden Fenster können Sie auf *Zeitplan ändern* klicken, wenn Sie den vorgeschlagenen Termin für die Sicherung ändern möchten.

8 Nehmen Sie die Änderungen vor, indem Sie die Felder anklicken und z. B. die gewünschten Wochentage und Uhrzeiten auswählen.

9 Bestätigen Sie mit *OK*. Sie gelangen nun in das vorhergehende Dialogfenster zurück.

10 Um mit der Umsetzung dieses Sicherungsplans zu beginnen, klicken Sie auf die Schaltfläche *Einstellungen speichern und Sicherung ausführen*.

FERTIG!

SICHERHEIT UND WARTUNG

Los geht's! ▶ *Mehr Platz schaffen mit der Datenträgerbereinigung*

Wenn sich eine Festplatte ihrer Kapazitätsgrenze nähert, kann dies ebenfalls die Leistungsfähigkeit des Systems negativ beeinflussen, vor allem aber kann es dann schnell passieren, dass Sie nicht mehr ausreichend Speicherplatz für große Dateien haben. Die Datenträgerbereinigung kann Ihnen helfen, unnötige Dateien auf Ihrer Festplatte zu identifizieren und zu löschen, um wieder etwas mehr Platz zu schaffen.

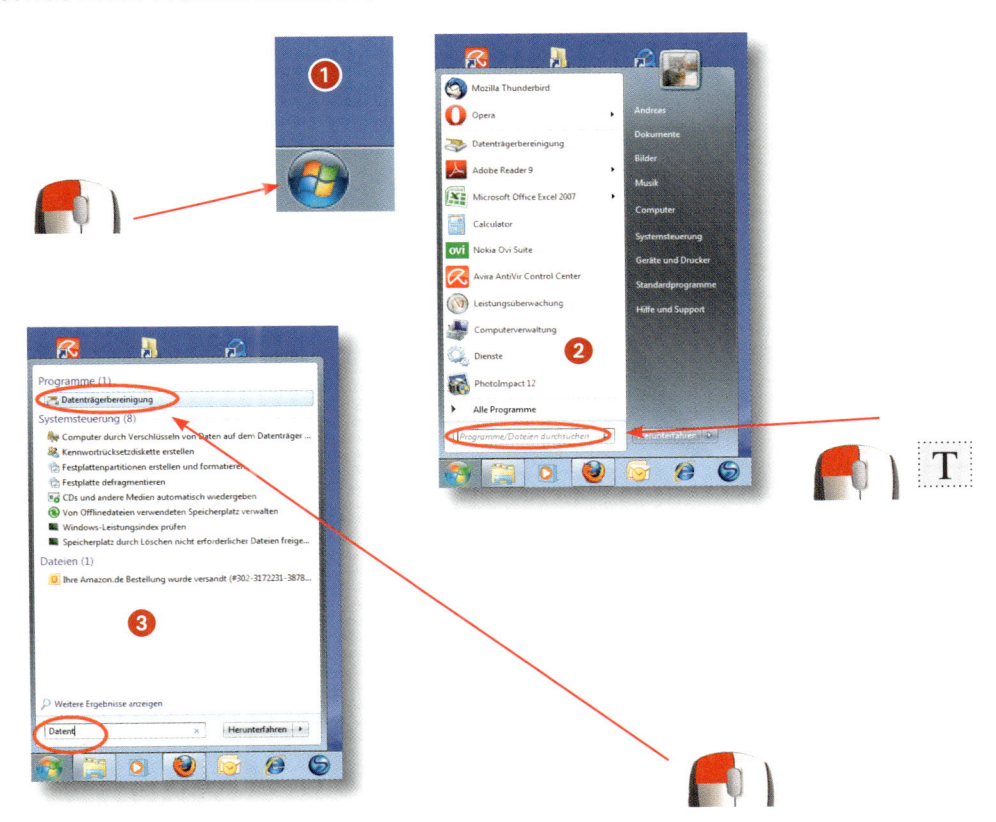

❶ Klicken Sie auf die Windows-Startschaltfläche.

❷ Tragen Sie in das Eingabefeld der Windows-Suche den Begriff *Datenträgerbereinigung* ein.

❸ Klicken Sie in der Ergebnisliste unter *Programme* auf den Eintrag *Datenträgerbereinigung*.

125

Mehr Platz schaffen mit der Datenträgerbereinigung

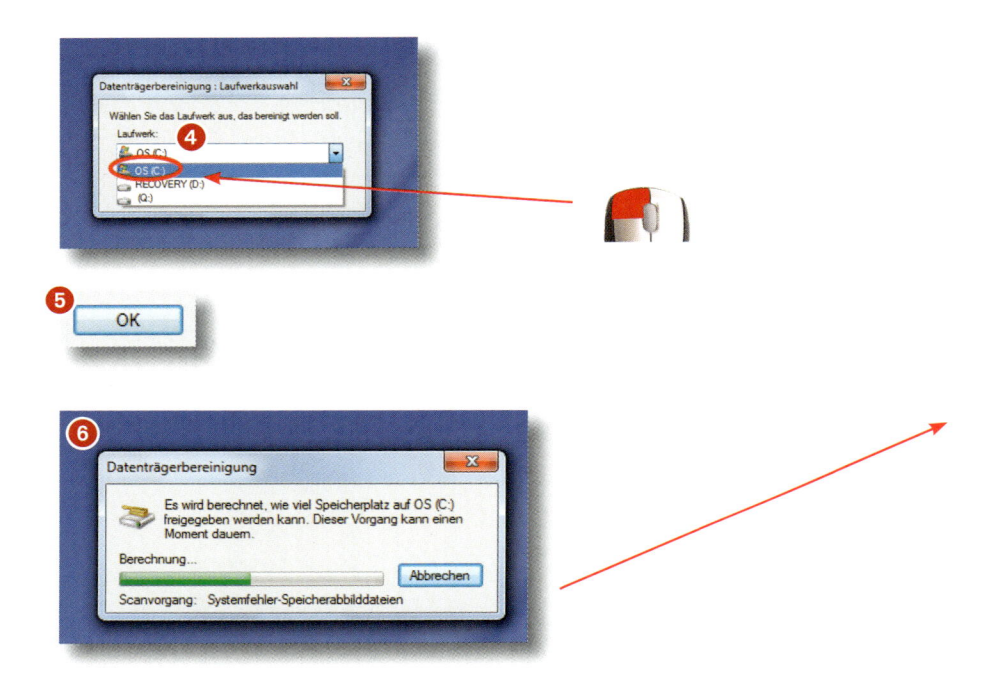

④ Wählen Sie die Festplatte bzw. das Laufwerk aus, auf der Sie die Bereinigung durchführen möchten. Meist ist die Festplatte bzw. Festplattenpartition bereits vorab angewählt, eine Veränderung nehmen Sie vor, indem Sie auf das Eingabefeld klicken und dann in der Liste die gewünschte Festplatte oder Partition anklicken.

⑤ Bestätigen Sie Ihre Auswahl mit einem Klick auf die *OK*-Schaltfläche.

⑥ Das Programm untersucht nun den Datenträger nach nicht mehr benötigten Dateien.

SICHERHEIT UND WARTUNG

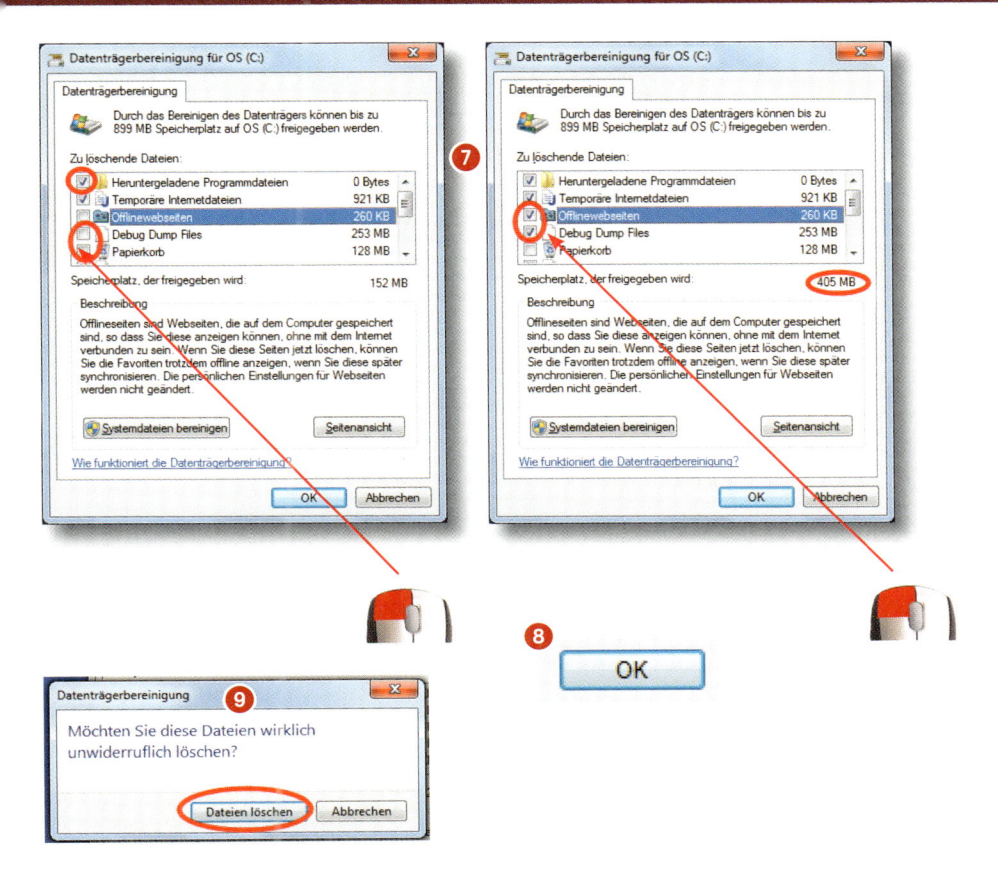

7 Das Ergebnis dieser Analyse wird Ihnen angezeigt, wobei in der Liste verschiedene Dateitypen aufgeführt sind. Klicken Sie nun gleich auf *OK*, werden nur einige dieser Dateitypen gelöscht. Sie erkennen diese an dem Häkchen vor der jeweiligen Bezeichnung (z. B. *Heruntergeladene Programmdateien, Temporäre Internetdateien*). Andere Dateitypen, etwa *Temporäre Dateien* oder der *Papierkorb*, sind zunächst noch vom Löschen ausgenommen. Möchten Sie diese auch entfernen, müssen Sie sie durch Anklicken ebenfalls mit einem Häkchen versehen. Die Anzeige des Umfangs der zu löschenden Daten wird dabei automatisch angepasst.

8 Haben Sie Ihre Auswahl getroffen, klicken Sie auf *OK*.

9 Bestätigen Sie die Sicherheitsabfrage nach dem endgültigen Löschen der Daten durch Anklicken von *Dateien löschen*.

FERTIG!

Systemleistung mit dem Task-Manager kontrollieren

Los geht's! ▶ *Systemleistung mit dem Task-Manager kontrollieren*

Im Laufe der Zeit sammeln sich immer mehr Programme an, die permanent im Hintergrund aktiv sind und dabei vor allem Platz im Arbeitsspeicher beanspruchen, der dann für die eigentlichen Aufgaben nicht mehr zur Verfügung steht. Über den Task-Manager können Sie diese Anwendungen identifizieren und dann bei Bedarf schließen.

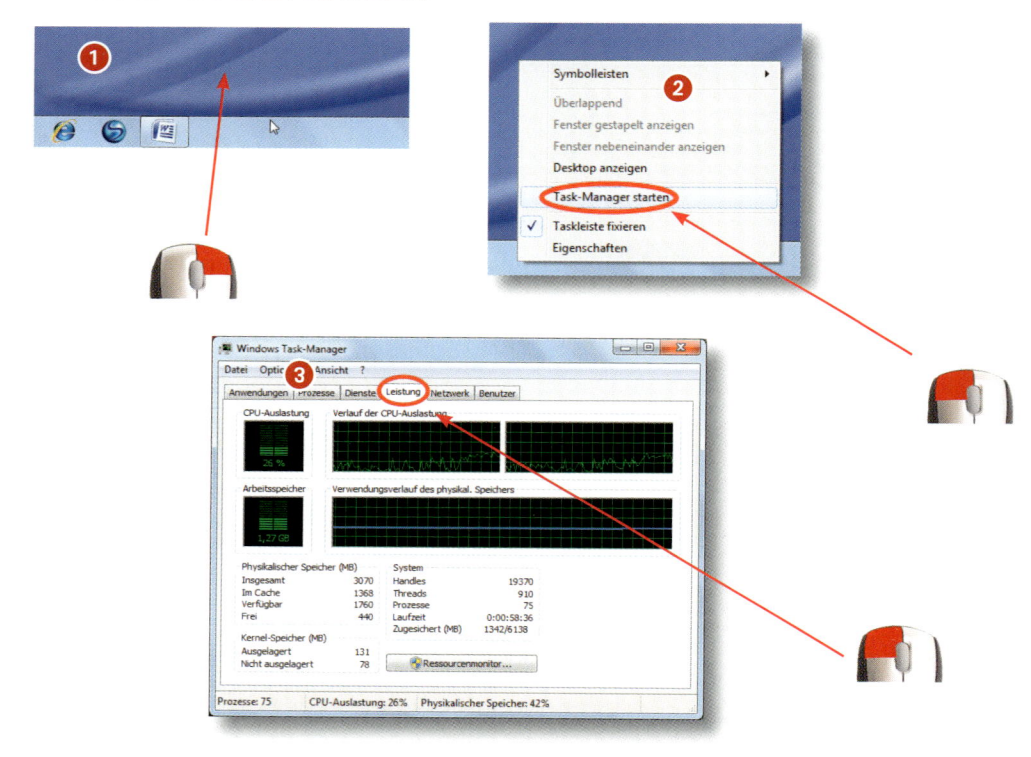

❶ Klicken Sie mit der rechten Maustaste auf einen freien Bereich in der Taskleiste.

❷ Klicken Sie im Kontextmenü auf *Task-Manager starten*.

❸ Klicken Sie auf den Registerkartenreiter *Leistung*. Über diese Diagramme können Sie sich ein Bild davon machen, wie stark Ihr Rechner momentan durch die laufenden Programme beansprucht wird. Dabei wird Ihnen sowohl die Prozessorauslastung als auch die Auslastung des Arbeitsspeichers angezeigt.

SICHERHEIT UND WARTUNG

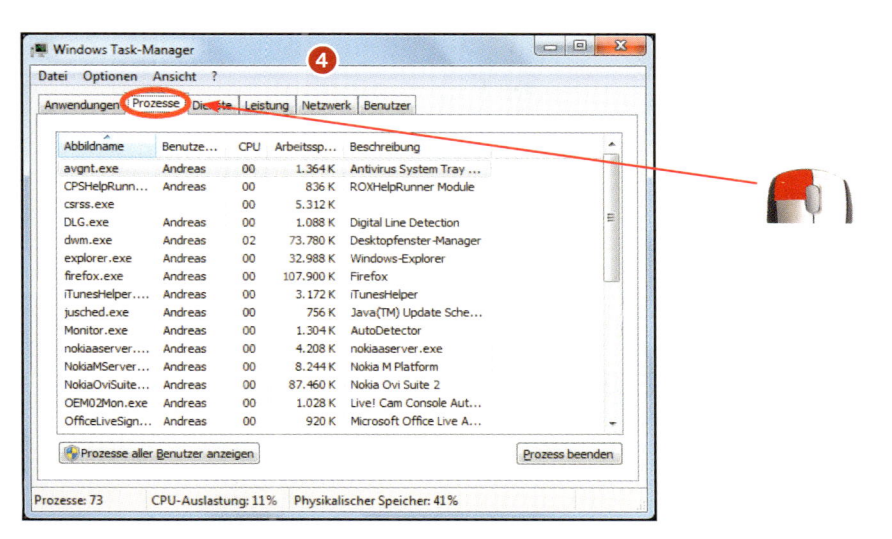

④ Klicken Sie auf die Registerkarte *Prozesse*.

⑤ Schauen Sie in der Spalte *Arbeitsspeicher*, welche der aufgelisteten Prozesse viel Arbeitsspeicher benötigen. Klicken Sie auf *Arbeitsspeicher*, werden die Prozesse gleich entsprechend angeordnet.

129

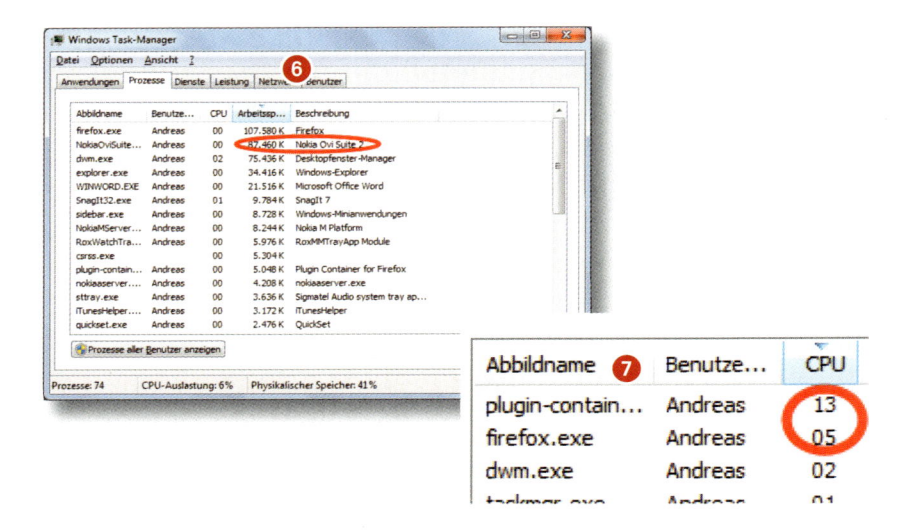

Systemleistung mit dem Task-Manager kontrollieren

6 Über die Spalte *Beschreibung* können Sie die meisten Prozesse nun eindeutig den zugehörigen Anwendungen zuordnen. (Um die Einträge in der Spalte *Beschreibung* komplett lesen zu können, sollten Sie die Spalte verbreitern.) Entdecken Sie Programme, die relativ viel Arbeitsspeicher beanspruchen, ohne dass Sie sie überhaupt nutzen, können Sie sie beenden.

7 Klicken Sie auf die Spaltenüberschrift *CPU*, um die Beanspruchung des Prozessors durch die verschiedenen Prozesse besser erkennen zu können. Eventuell sehen Sie auch damit schon, welche Programme den Prozessor besonders stark belasten, und können sie beenden, sofern Sie nicht damit arbeiten.

FERTIG!

HINWEIS

Wenn aus der Beschreibung nicht eindeutig hervorgeht, zu welcher Anwendung ein Prozess gehört, oder Sie nicht genau wissen, was es mit der jeweiligen Anwendung auf sich hat, sollten Sie die Prozesse bzw. Programme nicht einfach beenden. Holen Sie sich z. B. im Internet weitere Informationen.

SICHERHEIT UND WARTUNG

Los geht's! ▶ *Programme als Administrator ausführen*

Windows unterscheidet zwischen Standardbenutzer-Konto und Administrator-Konto. Letzteres besitzt weitergehende Rechte, die zum Beispiel Veränderungen von Systemeinstellungen oder die Installation oder das Entfernen von Programmen erlauben. Um auch bei der alltäglichen Arbeit am Rechner, bei der man aus Sicherheitsgründen als Standardbenutzer angemeldet sein sollte, bestimmte Programme nutzen bzw. einige Einstellungen vornehmen zu können, lassen sich die Anwendungen auch im Administrator-Modus starten.

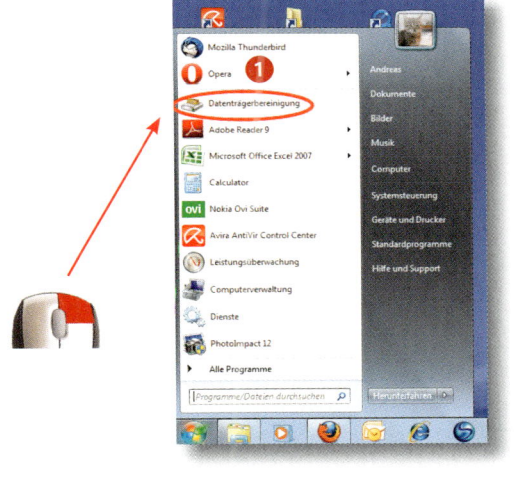

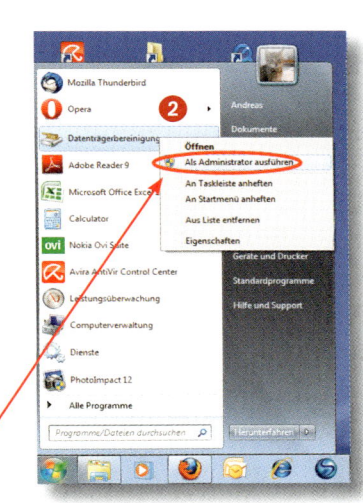

❶ Klicken Sie das Programmsymbol oder die Verknüpfung der Anwendung mit der rechten Maustaste an.

❷ Klicken Sie im Kontextmenü auf den Eintrag *Als Administrator ausführen*.

❸ Wählen Sie das Administrator-Konto aus und geben Sie das dazugehörige Kennwort ein. Das Programm wird nun gestartet und Sie ersparen sich weitere Sicherheitshinweise und Eingaben des Kennworts.

FERTIG!

131

Mit Windows ins Internet

▶ **Eine Internetverbindung herstellen** _ _ _ _ _ _ _ _ _ _ _ _ _ *134*

▶ **WLAN-Status überprüfen** _ _ _ _ _ _ _ _ _ _ _ _ _ _ _ _ *136*

▶ **Mit dem Internet Explorer suchen** _ _ _ _ _ _ _ _ _ _ _ *138*

▶ **Webseiten über den Verlauf wiederfinden** _ _ _ _ _ _ _ _ _ *140*

Eine Internetverbindung herstellen

Los geht's! ▶ *Eine Internetverbindung herstellen*

Es gibt verschiedene Möglichkeiten, sich mit dem Rechner ins Internet einzuwählen, vom schnellen DSL-Breitbandanschluss bis zur Verbindung über den analogen Telefonanschluss. Je nach Zugangsvariante unterscheiden sich die notwendigen Einstellungen, die Sie an Ihrem Rechner vornehmen müssen. Für die wichtigsten Verbindungstypen bietet Windows eine Unterstützung in Form eines Internetverbindungs-Assistenten. Diesen rufen Sie über die Systemsteuerung auf.

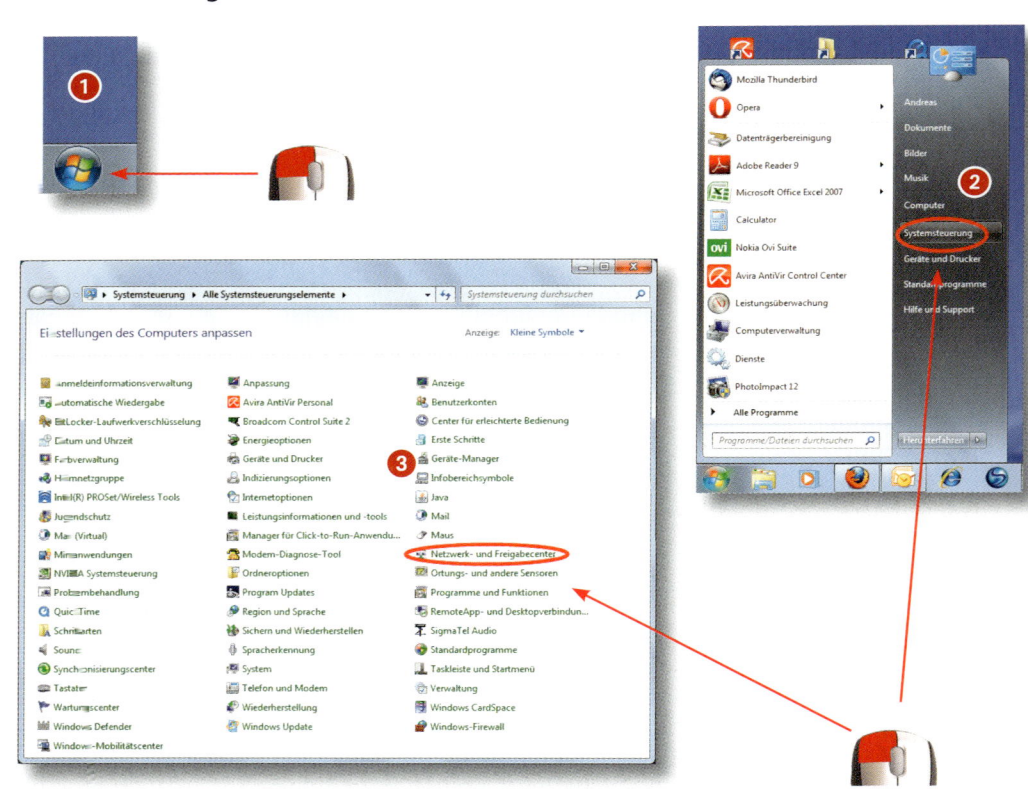

❶ Klicken Sie auf die Windows-Startschaltfläche.

❷ Klicken Sie auf *Systemsteuerung*.

❸ Klicken Sie auf *Netzwerk- und Freigabecenter*.

MIT WINDOWS INS INTERNET

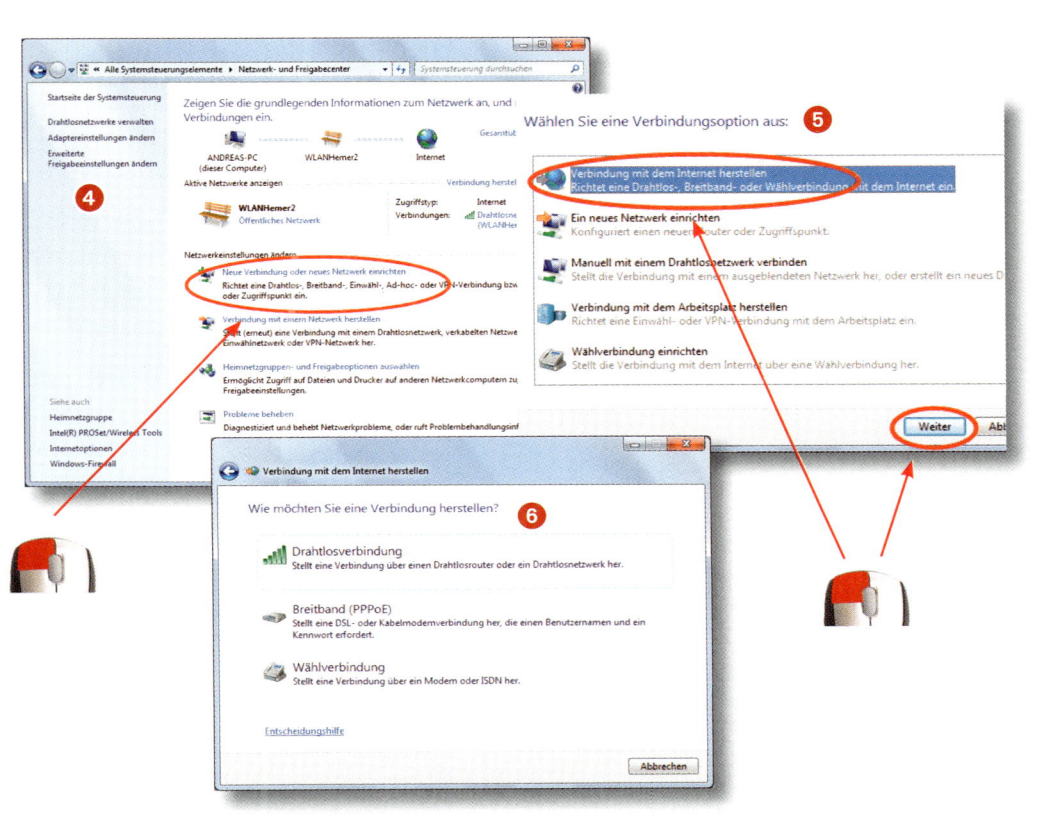

4 Klicken Sie auf *Neue Verbindung oder neues Netzwerk einrichten*.

5 Klicken Sie auf *Verbindung mit dem Internet herstellen* und dann auf *Weiter*.

6 Wählen Sie die Zugangstechnik. Die Option *Drahtlosverbindung* wählen Sie, wenn Sie einen WLAN-Router für den Internetzugang (z. B. per DSL-Anschluss) verwenden. Die Variante *Breitband (PPPoE)* klicken Sie an, wenn Sie beispielsweise ein Kabel- oder DSL-Modem direkt an Ihrem Rechner angeschlossen haben. *Wählverbindung* ist die richtige Option, wenn Sie noch über Ihren Telefonanschluss (analog oder ISDN) ins Internet gehen.

Der Internetverbindungs-Assistent leitet Sie dann durch die weiteren Schritte, wobei Sie die für den jeweiligen Anschluss notwendigen Zugangsdaten eingeben müssen.

FERTIG!

WLAN-Status überprüfen

Los geht's! ▶ **WLAN-Status überprüfen**

Die meisten Internetsurfer verwenden mittlerweile einen Breitbandanschluss (DSL oder Kabel) zusammen mit einem WLAN-Router, der einen drahtlosen Zugang ins Internet ermöglicht. Wenn auch Sie das Internet drahtlos nutzen, können Sie den Status der WLAN-Verbindung ganz einfach überprüfen.

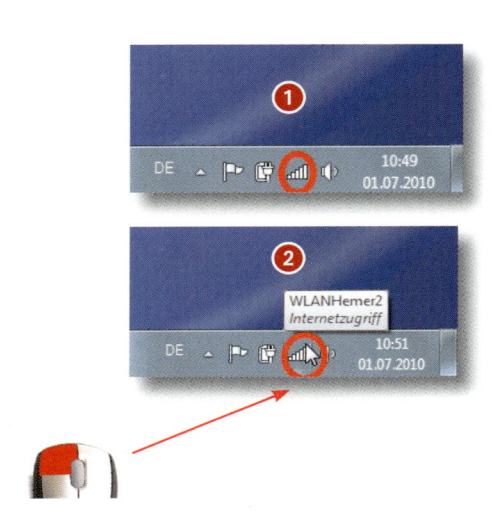

① Positionieren Sie den Mauszeiger auf dem WLAN-Verbindungssymbol im Infobereich der Taskleiste.

② Ein Textfeld mit dem Namen des Drahtlosnetzwerks erscheint, auch können Sie erkennen, ob eine Verbindung zum Internet besteht (*Internetzugriff*).

③ Klicken Sie das Symbol an, werden Ihnen alle aktuell in Reichweite befindlichen Funknetze angezeigt. In den meisten Fällen dürften Sie hier neben dem eigenen WLAN auch noch weitere Funknetze, etwa von Nachbarn, finden. Am rechten Rand sehen Sie in Form eines Balkendiagramms, wie gut die Signalqualität der jeweiligen WLAN-Zugangspunkte ist.

MIT WINDOWS INS INTERNET

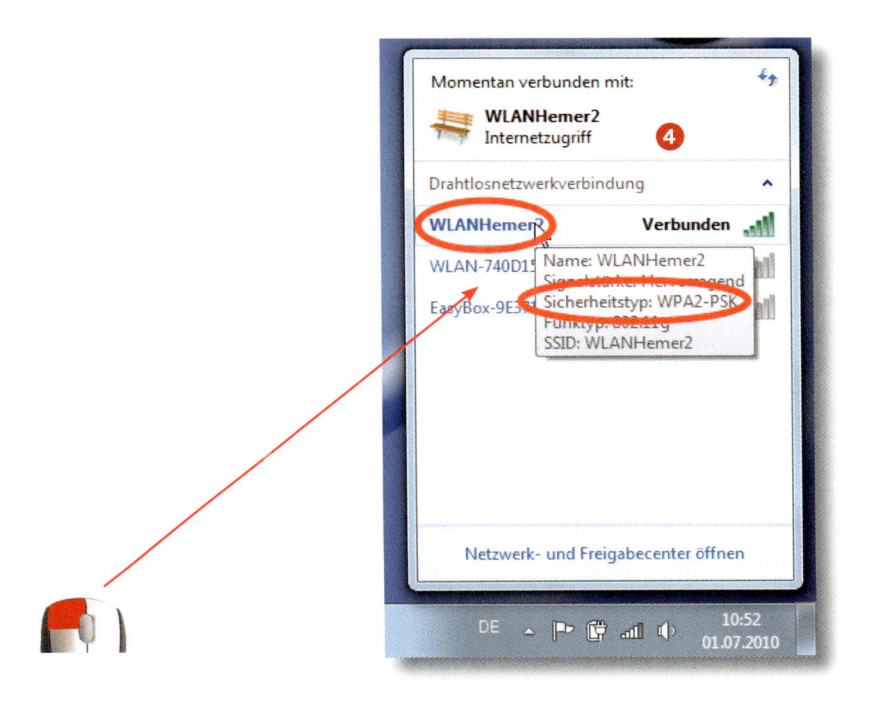

❹ Führen Sie den Mauszeiger auf einen Eintrag, wird ein Textfeld mit weiteren Informationen zum jeweiligen Funknetz eingeblendet.

Sie können hier direkt sehen, ob Ihr WLAN mit einem sicheren Verschlüsselungsstandard gesichert ist. Ihr WLAN ist nur dann wirklich gut geschützt, wenn als Sicherheitstyp die Variante *WPA2* erscheint. Die Variante *WEP* ist dagegen bereits unsicher. Ein nicht verschlüsseltes WLAN stellt ein hohes Risiko dar, da jeder andere Internetsurfer in der Umgebung Ihren Zugang verwenden kann.

FERTIG!

WISSENSWERTES

Ist Ihr eigenes WLAN gar nicht verschlüsselt bzw. nur mit dem veralteten WEP gesichert, sollten Sie die Sicherheitseinstellungen am WLAN-Router entsprechend ändern.

Mit dem Internet Explorer suchen

Los geht's! ▶ *Mit dem Internet Explorer suchen*

Ohne die Hilfe einer Suchmaschine kommt kein Surfer zurecht. Der Internet Explorer bietet Ihnen ein integriertes Suchfeld, über das Sie Anfragen direkt an diese Suchhilfen richten können, ohne extra deren Webseiten aufrufen zu müssen.

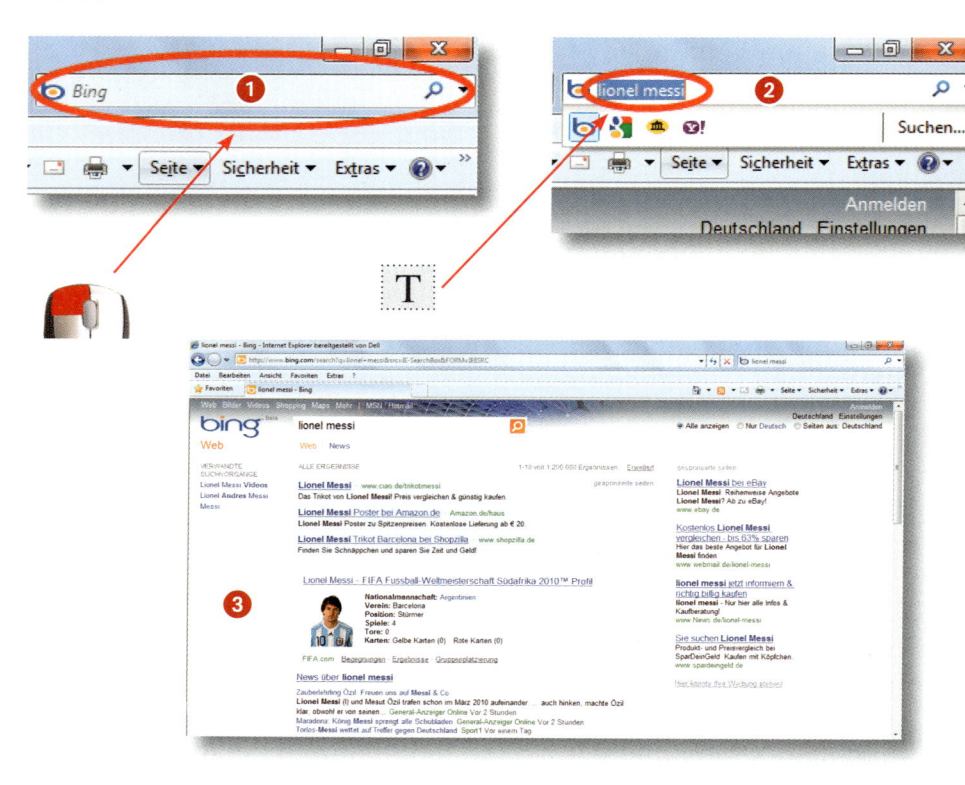

① Im Suchfeld, das sich oben rechts im Internet Explorer befindet, ist der Name der Suchmaschine eingetragen, an die Ihre Anfrage weitergegeben wird.

② Tragen Sie den oder die Suchbegriffe ein. Beenden Sie Ihre Eingabe mit der Taste *Eingabe* oder klicken Sie auf die Schaltfläche mit der Lupe.

③ Die Anfrage wird von der Suchmaschine bearbeitet und die Ergebnisseite angezeigt.

MIT WINDOWS INS INTERNET

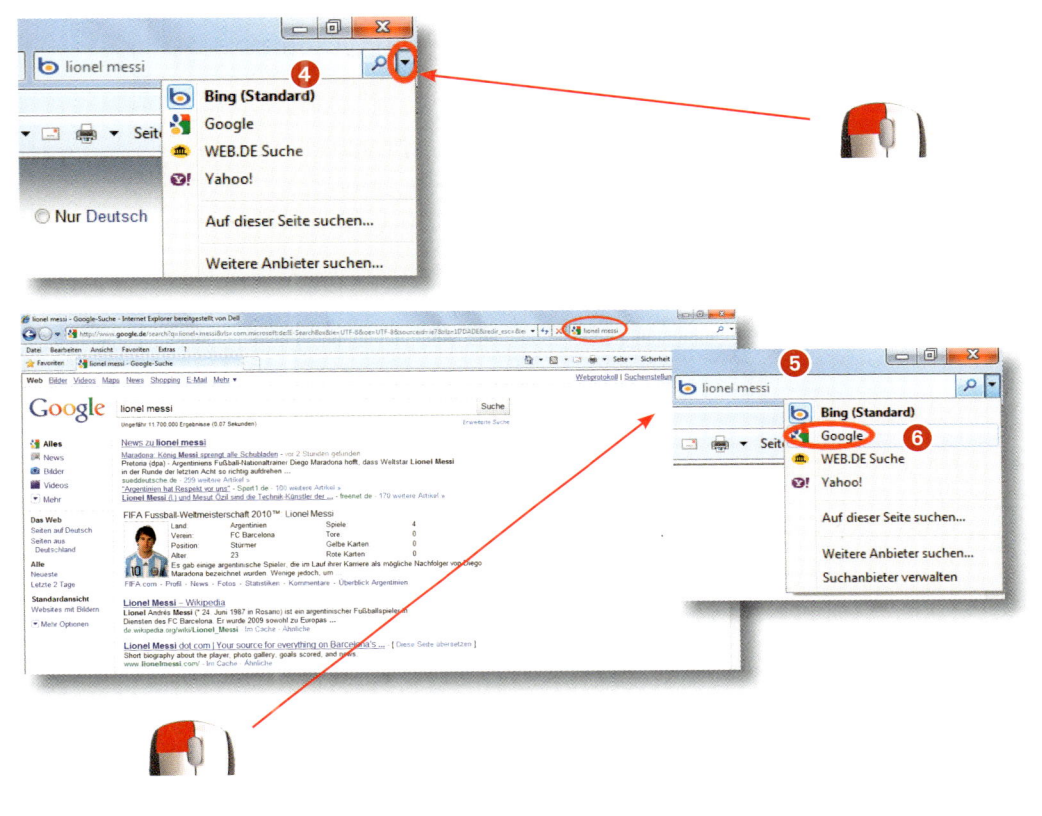

❹ Möchten Sie eine andere Suchmaschine als die vorgegebene Standardsuchhilfe befragen, beenden Sie Ihre Eingabe nicht mit der Taste *Eingabe*, sondern klicken auf die Schaltfläche mit dem kleinen schwarzen Dreieck bzw. Pfeil.

❺ Es öffnet sich eine Liste mit den zur Verfügung stehenden Suchhilfen.

❻ Klicken Sie die Suchmaschine an, zu der Sie Ihre Suchanfrage weiterleiten möchten.

FERTIG!

WISSENSWERTES

Sie können der Liste der Suchhilfen im Internet Explorer jederzeit weitere Suchmaschinen hinzufügen. Klicken Sie dazu in der Liste der momentan zur Verfügung stehenden Dienste auf *Weitere Anbieter suchen*.

Webseiten über den Verlauf wiederfinden

Los geht's! ▶ *Webseiten über den Verlauf wiederfinden*

Sie haben kürzlich eine Webseite besucht und möchten sie sich gerne noch einmal ansehen. Dummerweise haben Sie die Seite nicht als Favorit gespeichert und können sich an die genaue Adresse nicht mehr erinnern. Über den Browser-Verlauf haben Sie dennoch gute Aussichten, an die Seite zu gelangen.

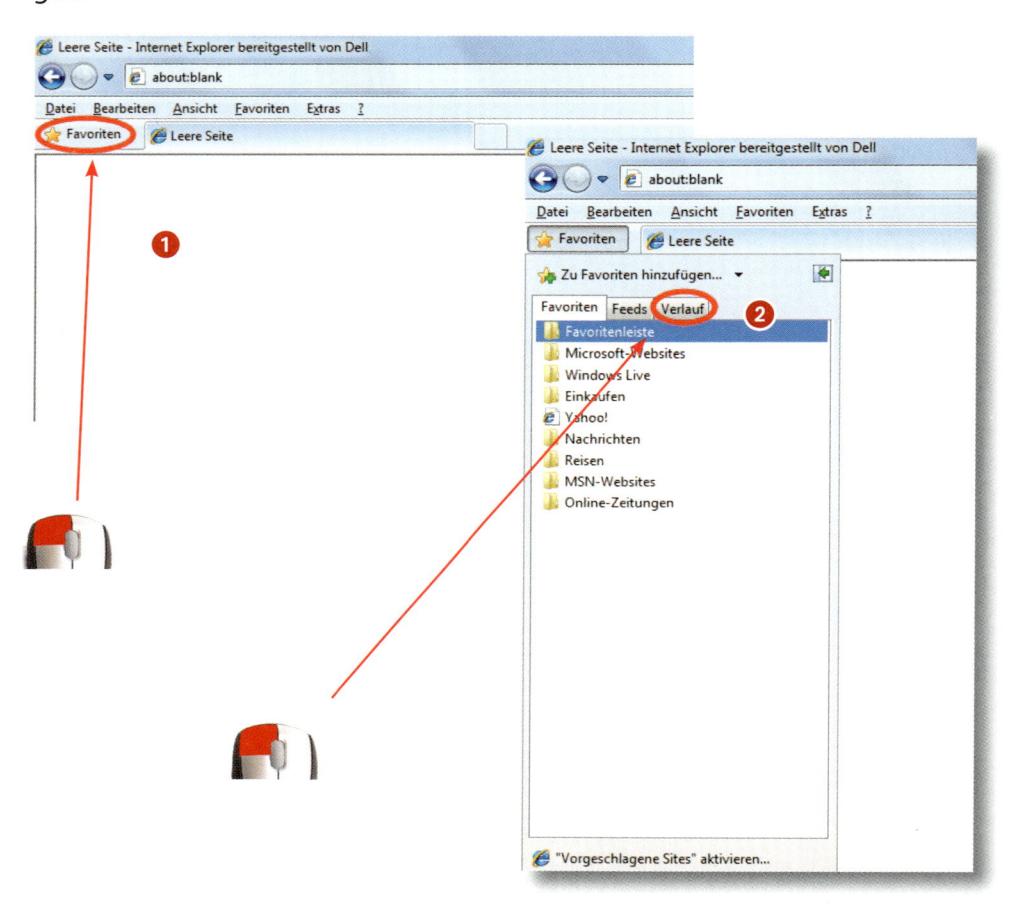

❶ Klicken Sie auf die Schaltfläche *Favoriten* vor den Registerkartenreitern.

❷ Klicken Sie in der Favoritenliste auf den Registerkartenreiter *Verlauf*.

MIT WINDOWS INS INTERNET

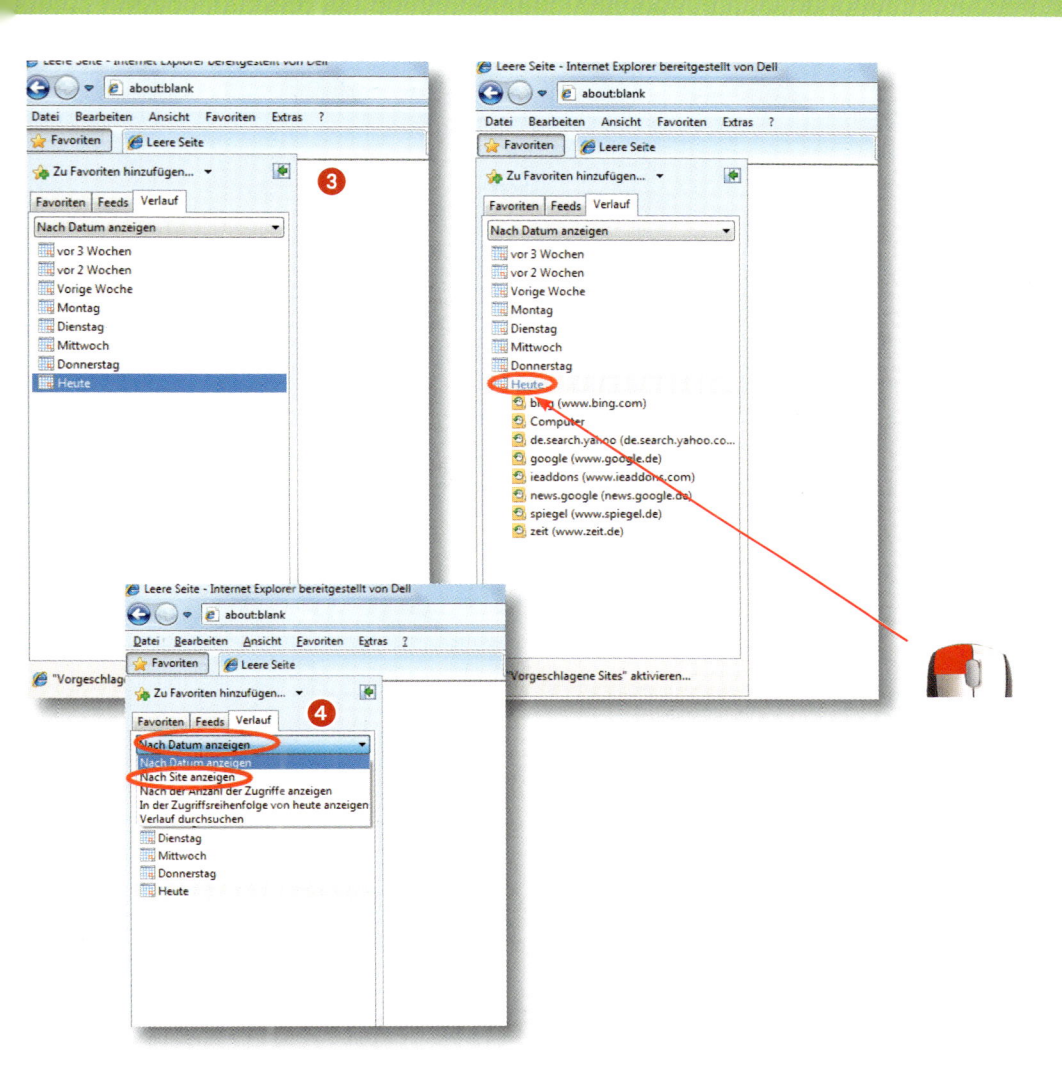

❸ Es öffnet sich eine Kalenderübersicht, in der Sie sich die besuchten Webseiten der letzten Tage oder letzten Wochen anzeigen lassen können. Klicken Sie dazu einfach den jeweiligen Tag oder die Woche an.

❹ Sind Sie nicht mehr sicher, wann Sie die Seite aufgerufen haben, können Sie die Sortierung der besuchten Seiten auch nach anderen Kriterien vornehmen lassen. Klicken Sie dazu in das Feld *Nach Datum anzeigen* und in der Ausklappliste dann beispielsweise auf den Eintrag *Nach Site anzeigen*.

FERTIG!

141

Index

A
Administrator-Konto *102*
Aero-Oberfläche
   Aero-Designs *21*
   Aero Peek *32*
   Aero Snap *30*
Antivirenprogramm *104, 106, 109*
Audio-CDs brennen *80*

B
Bibliotheken
   Neue Bibliothek anlegen *59*
   Ordner einer Bibliothek hinzufügen *58*
   Ordner aus Bibliothek entfernen *59*
Browser
   Browser-Suchhilfe ändern *138*
   Browser-Verlauf *140*

C
CDs und DVDs automatisch starten *94*

D
Dateien und Ordner
   Dateien mit anderen Anwendungen als der Standardanwendung öffnen *50*
   Neue Ordner anlegen *51*
   Ordneransicht ändern *53*
   Vorschaufenster in Ordner einblenden *54*
   Ordneransicht auf andere Ordner übertragen *56*
   Ordner und Dateien kopieren und verschieben *64, 66, 68*
   Mehrere Dateien auf einmal umbenennen *70*
   Dateien und Ordner löschen *84*
Daten-CDs und -DVDs brennen *76*
Desktopverknüpfung erstellen *62*

F
Fenster maximieren *34*
Firewall *120*

I
Infobereich anpassen *40*
Internetverbindung *134*

M
Maus
   Doppelklickgeschwindigkeit ändern *24*
   Maustastenbelegung ändern *28*
Minianwendungen *14*

P
Papierkorb
   Daten über den Papierkorb löschen *84*
   Daten aus dem Papierkorb wiederherstellen *86*
   Daten aus dem Papierkorb endgültig löschen *87*
Präsentationsmodus *92*
Programme
   als Administrator ausführen *131*
   automatisch starten *90*
   beenden über Task-Manager *96*
   deinstallieren *88*

INDEX

S

Senden-an-Menü *45*
Sicherheitseinstellungen *113*
Sicherung einrichten *122*
Sprungliste
    zum Öffnen von Dokumenten verwenden *43*
    Dokumente an Sprunglisten anheften *44*
Standardanwendungen ändern *48*
Standardbenutzerkonto *103*
Suchfunktion *98*
Symbole und Beschriftungen vergrößern *35*
Systemsteuerung anpassen *26*

T

Taskleiste
    verschieben *37*
    ausblenden *38*
    vergrößern *39*
    Programme an Taskleiste anheften *42*

U

Update *118*
USB-Sticks sicher entfernen

W

Wartungscenter *113*
WEP *137*
Windows Defender *115*
Windows Desktop
    Bildschirmhintergrund ändern *12*
    Minianwendungen hinzufügen *14*
    Desktopsymbole anpassen *16*
    Fensterfarben anpassen *17*
    Windows-Standarddesigns *21*
    Aero-Designs *21*
    Durchblick auf den Desktop *32*
WPA *137*